大数据时代学生教育管理工作的创新研究

王湘涵 张金慧 李佳芮 著

河北大学出版社
·保定·

大数据时代学生教育管理工作的创新研究

DASHUJU SHIDAI XUESHENG JIAOYU GUANLI GONGZUO DE CHUANGXIN YANJIU

出 版 人：马　力
责任编辑：陈学志
助理编辑：刘　童
装帧设计：杨艳霞
责任校对：陈浩苏
责任印制：常　凯

图书在版编目（CIP）数据

大数据时代学生教育管理工作的创新研究 / 王湘涵，张金慧，李佳芮著．-- 保定 ：河北大学出版社，2025．8．-- ISBN 978-7-5666-2699-8

Ⅰ．G40-058

中国国家版本馆 CIP 数据核字第 2025EB1195 号

出版发行：河北大学出版社
　　地址：河北省保定市七一东路 2666 号　邮编：071000
　　电话：0312-5073019　0312-5073029
　　邮箱：hbdxcbs@163.com　网址：www.hbdxcbs.com
印　　刷：涿州市般润文化传播有限公司
幅面尺寸：170 mm × 240 mm
印　　张：14
字　　数：220 千字
版　　次：2025 年 8 月第 1 版
印　　次：2025 年 8 月第 1 次印刷
书　　号：ISBN 978-7-5666-2699-8
定　　价：68.00 元

❖ 前 言

大数据时代的来临，如同一场汹涌澎湃的变革浪潮，猛烈冲击着学生教育管理领域。传统的教育管理模式，在面对海量、复杂且动态变化的大数据时，逐渐显露出其局限性。如何利用大数据技术破解教育管理难题，提升管理效能，实现学生的个性化发展，成为教育界亟待解决的重要课题。

本书应这一时代背景而生，旨在为这一领域的探索提供理论与实践的双重指引。深入研究大数据在学生教育管理中的应用，并非简单的技术叠加，而是从理念、方法到实践的全方位革新。通过对基础技术的梳理，为教育管理工作者提供驾驭大数据的工具；对大数据体系构建的阐述，确保大数据的精准与有效；而在各应用场景的研究中，力求挖掘大数据的最大价值，实现教育管理决策的科学性与精准性。在探索的过程中，不可避免会遭遇诸多挑战，如大数据安全与隐私保护、技术迭代等问题。本书不仅着眼于当下的创新应用，更对未来可能面临的困境进行前瞻性思考，并给出应对策略。希望本书能成为教育管理领域的一盏明灯，照亮大数据时代学生教育管理创新之路，助力教育工作者为学生创造更优质的教育管理环境，推动教育事业不断向前发展。随着大数据时代的来临，学生教育管理工作正经历着崭新的变革。本书深入探讨了大数据技术在学生教育管理中的应用与创新，从大数据时代的概述出发，详细阐述了大数据在学生个性化教育、学业预警与辅导、日常管理，以及教育管理决策等方面的广泛应用。通过构建基于多维数据的学生教育管理分析系统，实现对学习者认知风格与能力特征的精准画像，进而生成个性化学习路径规划方案，同时依托教育数据挖掘技术，建立学业风险预警模型，为差异化干预策略的制定提供数据支撑。本书揭示了大数据如何助力教育管理者更加精准、高效地开展工作，还探讨了大数据时代教育管理团队的建设与挑战应对，为教育管理者提供了宝贵的参考和指导。

全书共计八个章节。由上海市高级技工学校王湘涵、重庆航天职业技术学院张金慧、辽宁何氏医学院李佳芮共同撰写完成，具体分工如下：王湘涵负责编写第二、三、七、八章，编写内容共计 10 万字；张金慧负责编写第四、五章，编写内容共计 6 万字；李佳芮负责编写第一、六章，编写内容共 6 万字。

希望通过本书的探讨，能为教育管理者提供有益的参考和启示，推动学生教育管理工作的不断创新与发展。

目　录

第一章　大数据时代概述与学生教育管理新背景

第一节　大数据时代的定义与特征

一、大数据的概念及起源

（一）大数据的起源与发展历程

大数据作为一个概念，起初并没有像今天这样被广泛讨论和应用。其发展历程可以追溯到20世纪60年代至70年代计算机技术兴起时期，那时数据存储和处理能力有限。随着计算机技术的不断进步，数据存储的能力逐渐提高，但仍主要集中在结构化数据的处理上。数据的增长虽然显著，但在当时技术条件下，对数据规模和处理能力的需求并未达到如今这种空前的规模。

1. 起源

“大数据”最初并不是一个明确的科学术语，而是从数据分析和存储的需求中逐渐演变而来。20世纪90年代，随着互联网的普及，数据的生成、采集与存储变得异常庞大。数据从最初的单一结构化数据，逐渐向半结构化、非结构化数据发展。无论是文本、视频还是传感器数据，这些数据的处理需求急剧增加，特别是在一些高频、实时数据流的背景下，传统的数据处理方法和技术已经难以适应。

2. 发展

在21世纪初期，谷歌提出的MapReduce技术为大数据的处理奠定了基础。MapReduce通过将任务分解成多个小任务并在分布式系统中并行处理，使得海量数据的处理变得更加高效。Hadoop分布式文件系统（HDFS）也在这一时期出现，它能够存储并高效处理大规模数据集。这一阶段，许多互联网公司（如亚马逊、Facebook、Twitter等）开始逐步探索如何有效利用大数据分析技术提升业务决策和服务质量。

随着云计算技术的兴起，数据存储和计算能力得到了极大的扩展，进一步推动了大数据的应用。这一时期，除了互联网公司，许多传统行业也开始认识到大数据对商业决策、市场营销、风险管理等方面的重要性。例如，金融机构利用大数据分析预测市场趋势，医疗行业使用大数据分析病人数据以提供精准医疗服务。

3. 技术进步与应用扩展

大约从2008年开始，人工智能（AI）和机器学习技术的突破，使得大数据不仅仅停留在数据存储和简单分析层面，而且向更深层次的智能分析、预测分析发展。这一时期，深度学习算法的兴起和大数据处理的进一步细化和定制化，使得大数据在各行各业的应用更加普及，如精准营销、智能推荐、自动化决策等。

至今，大数据技术已经渗透到各个领域，包括教育、医疗、金融、物流、政府管理等。大数据不仅仅是一种数据存储和分析工具，它已经成为推动社会和经济各领域发展的重要动力。

（二）大数据的定义

“大数据”这一概念随着技术的发展逐渐深入人们的认知，然而它并没有形成一个统一的定义。从不同的角度来看，大数据有着广义与狭义两种不同的理解。

1. 广义定义

在广义上，大数据并不单单指某一特定类型的数据，而是指所有超出传统数据处理能力范围的庞大且复杂的数据集合。从这个角度看，大数据包含了所有规模极大、类型繁杂、变化迅速的数据资源。广义的大数据不仅包括结构化数据，还包括半结构化与非结构化数据，如文本、图片、音视频、传感器数据等，它涵盖了从数据的生成、存储、处理到分析和可视化的全过程。这种广义的定义强调的是数据本身的体量、类型和变化的速度，涉及如何处理和利用这些海量数据为社会、经济和行业决策提供支持。

在此视角下，大数据并不局限于某一个领域，而是跨越各个行业应用。从医疗健康、金融服务到教育、零售等各个领域，所有这些行业都在面临如何管理、存储、分析和应用海量数据的挑战。广义的大数据不仅是技术层面的概念，也成为一个涉及数据管理、数据分析、数据安全、隐私保护等多维度问题的社会现象。它代表了数据科学的发展方向，关乎所有能够从数据中获取价值的活动。

2. 狭义定义

与广义定义相比，狭义的大数据则有一个更为明确且技术导向的定义。它通常是指在特定的技术框架和平台下，能够通过一定方法进行存储、处理与分析的庞大数据集合。在这个定义中，大数据通常是基于某些特定的技术特征来描述的。

狭义的大数据更强调数据在处理过程中所依赖的技术架构和方法论。例如，Hadoop 和 Spark 等大数据处理框架，MapReduce 技术，分布式计算和存储技术的应用等，都是为了有效应对海量数据的存储和计算问题。狭义的大数据通常还包括数据挖掘、机器学习、人工智能等技术手段，旨在从这些海量、复杂的数据中提取出有价值的信息，支持预测分析、智能决策和业务优化等。

狭义的大数据主要聚焦于如何在数据量庞大、类型复杂的情况下，通过技术手段高效存储、处理和分析数据，并从中提取出有意义的信息和价值。而广义的大数据则更为宽泛，强调的是数据的多维度特性和其对社会、商业和各行各业带来的深远影响。

这两种定义虽然有一定差异，但它们并不是互相排斥的，而是从不同层面、不同维度对大数据的理解。在实际应用中，广义和狭义的定义常常是并行使用的，广义的定义提供了大数据的广阔视野，而狭义的定义则为实际操作提供了具体的技术路径。

二、大数据的特征

大数据的特征通常被称为4V特征，分别是数据量大（Volume）、数据处理速度快（Velocity）、数据类型多样（Variety）、数据价值密度低（Veracity）。这四个特征共同构成了大数据的核心特征，并且决定了大数据在存储、处理、分析等各个环节中的技术要求和应用挑战。

（一）数据量大

数据量大是大数据最显著的特征之一。随着互联网的发展、物联网技术的普及和各种传感器、智能设备的广泛应用，数据的产生速度和数量都呈现出爆炸式的增长。无论是社交媒体的用户行为、金融交易记录，还是医疗健康、气象、交通等领域的海量数据，每天生成的数据量已经达到了数百亿GB甚至TB的级别。这些数据规模庞大，传统的数据库和数据存储系统已经无法有效地存储和处理。

数据量大不仅指数据本身的体积庞大，还包括数据增长的速度和持续积累的趋势。例如，全球每天都在生成数百万条社交媒体内容，数以千万计的商品购买记录，甚至无人驾驶汽车、智能手机等设备每秒钟都在不断生成新数据。这种数据量大意味着必须有高效的数据存储、管理和处理技术支持，如分布式存储、云计算等技术才能应对。

（二）数据处理速度快

数据处理速度快是指数据生成、传输和处理的速度非常快。在大数据环境下，数据不只是静态存储的，往往是实时生成和流动的。以社交媒体为例，每一秒钟都有大量的用户发布内容、评论、点赞，这些动态数据必须实时获取、处理并做出响应。金融市场的交易数据也是如此，数百万次交易的实时监控和处理对于投资决策和市场预测至关重要。

为了适应高速的数据流动和实时处理需求，大数据技术引入了流式计算和实时数据处理等技术，如 Apache Kafka、Apache Storm 等。这些技术能够在数据生成的同时进行快速处理，以支持实时决策和动态响应。

（三）数据类型多样

大数据的第三个特征是数据类型多样。传统的数据处理主要集中在结构化数据上，如关系型数据库中的表格数据。在大数据时代，数据的种类和来源变得极为丰富，包含了结构化、半结构化和非结构化数据。结构化数据是指严格遵循某种预定义格式的数据，如数据库中的表格数据；半结构化数据则没有固定的格式，但仍有某些标记或标签，如 XML 和 JSON 文件；非结构化数据则完全没有预定义的格式，常见的如文本、图片、音频、视频等。

社交媒体上的帖子、评论、图片和视频，物联网设备采集的传感器数据，以及医疗领域的影像数据等，都属于非结构化数据。处理这些多样化的数据类型需要不同的技术和工具支持，如自然语言处理（NLP）、图像识别、视频分析等。大数据技术不仅要应对海量数据的存储与计算，还需要处理各种不同类型的数据，如何高效提取有价值的信息成为一个重要挑战。

（四）数据价值密度低

数据价值密度低是指大数据中并非所有数据都具有高价值。实际上，在海量的数据中，只有一小部分数据是对业务决策或分析有意义的。其他的数据可能是噪声、冗余数据，或者信息不完整的数据。在面对大量数据时，如何从这些低价值、高冗余的数据中提取出有用的信息，成为大数据分析中的关键任务。

例如，在社交媒体中，用户发布的内容和行为数据非常庞大，但其中只有一部分数据能够反映用户的真实需求或情感。对于企业来说，如何从用户的海量数据中提炼出精准的市场洞察、消费趋势，往往需要借助数据清洗、数据挖掘等技术，剔除噪声数据，提高数据的质量和价值密度。这也促使大数据领域对数据质量和数据治理等方面的高度关注。

三、大数据在教育领域的影响

近年来，随着大数据技术有了快速发展，并对教育领域产生了深远的影响。特别是在教育管理、教育公平和教育质量评估方面，大数据的应用为传统教育模式带来了革命性的改变。

（一）教育管理模式的转变

传统的教育管理模式通常依赖于人工记录和经验性判断，管理者往往通过手动收集、整理学生的成绩、行为等数据，进行评估和决策。这样的模式不仅效率低下，而且容易受到主观因素的影响，导致教育管理的精准性不足。

大数据的引入彻底改变了这一局面。教育管理者可以通过大数据平台实时获取学生的各类信息，从学习成绩到行为表现，再到社交互动、心理健康等多维度数据都能够被高效采集并存储在系统中。这使得教育管理者能够基于更全面和精准的数据做出决策。

例如，学校可以通过对学生的学习轨迹、考试成绩、课堂参与度等数据的分析，发现学生的学习瓶颈和发展方向，从而实施个性化教学干预。教育管理者可以利用数据模型对学生的行为和成绩进行实时监控，及时预警潜在的学业风险或心理问题，采取有针对性的措施帮助学生克服困难。这种数据驱动的教育管理模式大大提升了管理的科学性和精准性，确保每个学生的个性化需求能够得到关注和满足。

（二）教育公平的推动

教育公平是社会发展的核心价值之一，而大数据为教育公平的实现提供了强有力的技术支持。传统教育资源的分配常常受到地区差异、经济条件、社会环境等因素的影响，导致教育机会的不平等。大数据的广泛应用在一定程度上能够消除这些不平衡，并推动教育资源的合理配置。

通过大数据分析，教育部门可以更加清晰地掌握不同地区、不同学校和不同群体的教育资源分布情况。例如，教育部门可以通过数据分析精准评估各区域、学校的教学资源、师资力量、设备设施等方面的差异，从而制定更加公平合理的资源分配策略。这使得教育政策能够更加精准地聚焦于需要关注的区域或群体，从而实现教育资源的有效配置。

大数据还能够支持在线教育的发展，帮助解决偏远地区和贫困地区的教育资源不足问题。通过网络和数据平台，优质的教育内容和教学资源可以跨越地域界限，向更多的学生提供平等的教育机会。例如，一些在线学习平台利用大数据技术，根据学生的学习进度和兴趣推送个性化的学习资源，这不仅能提高学习效果，也使得更多无法接触到优质教育资源的学生得到了与城市地区学生相同的学习机会。

（三）教育质量评估的创新

传统的教育质量评估主要依赖于考试成绩和教师的主观评价，评价指标单一且缺乏全面性。这种传统评估模式往往只能反映学生在特定时点的表现，难以全面反映学生的全面发展和潜力。

大数据技术的应用使得教育质量评估发生了质的飞跃。通过对学生的各类数据进行深入挖掘，教育评估可以从多个维度开展工作。例如，除了学习成绩外，还可以结合学生的课堂表现、作业提交情况、实验和项目任务的完成情况、社交互动等多个数据点来综合评价学生的能力和发展。这种基于数据的评估体系更加全面、客观，也能够真实反映学生的综合素质。

大数据还使得教育质量评估的时效性得到了提升。传统的评估模式通常是定期进行的，无法实时跟踪学生的学习进度和动态。通过大数据技术，教育评估可以实时进行，管理者可以及时获取学生的学习表现，甚至在问题出现之前就进行干预。例如，通过分析学生在各类任务中的表现，学校可以及早发现学生可能面临的学习困难，并通过个性化辅导或调整教学内容给学生提供帮助。

教育评估并不限于学生个体，学校整体的教育质量也能通过大数据进行全面评估。通过对学校教学质量、教师评价、课程设置、教学效果等各方面数据的采集和分析，教育管理者可以全面了解学校的教学情况，从而制定更加科学和精准的教育改进措施。

大数据在教育领域的应用极大地推动了教育管理模式的转型、教育公平的促进和教育质量评估的创新。通过利用大数据技术，教育不仅变得更加高效和精确，而且更加公平、全面，能够为学生提供更个性化、灵活的学习路径，并帮助教育管理者做出更符合实际需求的决策。

四、大数据对学生管理的潜在意义

随着大数据技术的不断成熟，它在学生管理领域的应用已经带来了显著的变革。大数据不仅能为教育管理提供新的技术支持，还能帮助教育者更好地理解和管理学生，提升学生的学习体验。

（一）数据支持下的学生画像

学生画像是通过大数据技术对学生的多维度数据进行分析，形成关于学生个性、学习习惯、行为特点、心理状态等多方面的综合性描述。与传统的学生信息管理方式不同，基于大数据的学生画像不只依赖于成绩单、考勤等基本信息，而是将学生的学习轨迹、活动参与情况、情感变化、社交网络等多个维度的数据进行融合，形成更全面、更精确的学生档案。

通过大数据技术，可以实现动态、实时更新的学生画像。例如，学生的课堂表现、作业完成情况、学习兴趣、情绪波动等都会被实时记录和分析。

教育管理者可以借此获取学生在学习过程中的具体表现和问题，进而制订更加个性化的教育干预方案。学生的学习风格、学业水平、心理健康等方面的分析，也为教育工作者提供了有力的支持，帮助他们在教学过程中精准识别学生的需求和潜力。

学生画像的建立不仅有助于个性化教学的实施，还能在学业预警、心理辅导等方面发挥重要作用。例如，通过分析学生的学习数据和行为轨迹可以发现某些学生在某些领域存在明显的短板，管理者可以及时进行辅导或调整教学计划，从而避免学生的学业问题进一步恶化。

（二）提升管理决策的科学性

传统的教育管理决策往往依赖于管理者的经验和直觉，决策过程可能受到主观因素的影响，难以做到精准有效。大数据则为教育管理者提供了更加客观、科学的决策依据。通过对学生的学习数据、心理状态、行为表现等多维度数据的分析，教育管理者能够在第一时间掌握学生的最新动态，从而做出更加及时、合理的决策。

大数据支持下的决策能够避免传统教育管理中的信息滞后和片面性问题。例如，传统的学生评估方式通常基于学期末的考试成绩，而大数据可以实时监控学生在整个学期中的学习进展情况。教育管理者可以利用数据分析工具，发现哪些学生在哪些课程中遇到了困难，哪些学生的成绩处于下降趋势，甚至哪些学生的行为或情绪出现了异常变化。通过这种及时反馈，管理者可以调整教学策略，甚至在学生遇到问题的初期就进行干预，从而避免问题的恶化。

大数据还可以为教育管理者提供更全面的学校运营数据，如分析学校教学资源、师资配置、课程设置等数据，帮助管理者制订更合理的学校发展规划，优化资源配置。这些决策将不仅基于过往的经验，更有助于长远的战略布局。

（三）个性化教育的实现可能性

个性化教育一直是教育领域的重要目标之一，但在传统教育模式下，由于班级人数众多、教学资源有限，实现真正的个性化教育面临着巨大挑战。大数据的应用为个性化教育的实施提供了前所未有的机遇。

通过大数据的分析，教育工作者可以深入了解每个学生的学习特点、兴趣爱好、知识掌握情况等，制订出符合学生个性化需求的教育方案。例如，对于学有余力的学生，教师可以通过大数据分析发现他们在某些领域表现突出，进而为他们提供更多的挑战性学习内容；对于学习困难的学生，教育者可以根据数据提供额外的辅导，帮助他们弥补薄弱环节。

大数据还可以帮助教师实时跟踪学生的学习进度和掌握情况，并动态调整教学内容。通过学习平台和教育应用，教师可以根据学生的反馈和数据分析，调整教学节奏，灵活变化教学方法。个性化教育不再只是简单的课堂教学，它可以在课外辅导、在线学习平台等多个方面进行扩展，学生可以根据自己的兴趣和需求选择学习内容和学习进度。

更重要的是，大数据使得学生的个性化学习可以与课程内容、作业、评估等各方面无缝对接。通过大数据分析，学生能够接收到与自己学习进度和水平相匹配的学习资源，进一步提升学习效率和兴趣。通过对学生行为和学习数据的监控，个性化教育能够真正做到因材施教，让每个学生都能按照自己的节奏和需求进行学习，从而最大限度地发挥其潜力。

大数据对学生管理的潜在意义是深远的。通过数据支持下的学生画像，教育管理者可以全面、精准地了解学生的各方面情况，从而为个性化教育和科学决策提供重要依据。大数据不仅能够提升教育管理的效率和科学性，也为实现真正的个性化教育提供了可能性，帮助学生在个性化学习路径上取得更好的成绩。

第二节　大数据时代的发展趋势

大数据技术正迅速发展并不断渗透到各行各业，尤其是在教育领域。随着技术的进步，大数据不仅在存储、处理和分析能力上得到了显著提升，还在应用层面推动了教育管理方式的变革。

一、大数据技术的演进

（一）存储技术的突破与创新

随着数据量的急剧增长，传统的存储技术面临巨大的挑战。尤其是高频次产生的海量数据，需要更高效、更可靠的存储方式来满足不断增加的需求。为了应对这一挑战，存储技术在近年来取得了显著的突破。

1. 分布式存储系统的兴起

传统的单体存储架构难以应对大数据时代对存储的需求，而分布式存储系统则成为大数据存储的核心技术之一。分布式存储通过将数据分割并分布到不同的存储节点上，使得数据存储更加灵活和高效。Hadoop HDFS（分布式文件系统）和 NoSQL 数据库（如 Cassandra、MongoDB）等技术正是分布式存储的典型代表。

2. 云存储的普及

云计算的迅猛发展推动了云存储技术的广泛应用。云存储不仅提供了几乎无限的存储空间，而且支持按需扩展，极大地方便了大数据的管理和使用。通过云存储平台，教育机构可以安全、便捷地存储和管理学生数据、学习资料等，从而避免传统存储系统对硬件设施的过度依赖。

3. 存储成本的下降

随着存储技术的进步和规模化生产，存储成本大幅下降，使得大数据存储成为一种成本效益更高的选择。这为教育领域和其他行业的大数据应用提供了更多的资金空间和操作灵活性。

（二）数据处理与分析技术的进步

数据处理与分析技术的进步是大数据技术发展中的核心环节。大数据分析的复杂性要求技术能够在海量、异构、实时数据的背景下高效运作。近年来，数据处理和分析技术已经取得了显著进展，具体体现在以下几个方面。

1. 高效数据处理引擎的崛起

传统的关系型数据库系统无法有效处理大规模、高并发的数据，而现代的大数据处理框架，如 Apache Hadoop、Apache Spark 等，采用了分布式计算模型，可以并行处理海量数据。特别是 Spark，因其能够在内存中进行数据处理，大大提升了处理速度，成为当前大数据分析的主流技术之一。

2. 机器学习与人工智能的融合

大数据分析的进步与机器学习和人工智能技术的结合密不可分。通过机器学习算法，系统能够根据大量历史数据进行模式识别、预测分析和智能推荐。在教育领域，通过分析学生的学习数据，机器学习算法可以帮助发现学生的学习潜力、预测学业风险，甚至在学生遇到问题时，自动推荐相关辅导内容。

3. 实时数据处理技术的应用

随着大数据实时流处理技术的发展，数据的处理不再局限于离线批处理模式。通过 Apache Kafka、Apache Flink 等工具，数据能够实时采集、处理和分析，使得教育管理者能够及时获得学生的学习动态、心理变化等，进而迅速做出响应。这为教育管理者提供了更为精准的决策支持，推动了教育管理的智能化。

（三）数据可视化与智能化的发展

随着大数据技术的不断进步，数据可视化与智能化已经成为大数据应用的重要趋势。数据本身复杂且庞大，需要通过有效的可视化手段来帮助管理者理解、分析和利用数据。

1. 数据可视化技术的提升

数据可视化技术能够将复杂的数字和数据通过图表、地图、仪表盘等形式直观展示，使得管理者能够更容易地识别数据中的关键趋势和规律。随着数据量的增加，越来越多的智能可视化工具应运而生，如 Power BI、Tableau、Qlik 等，通过自动化分析和视觉呈现，帮助教育管理者从庞杂的数据中提炼出有价值的信息。

2. 自助式分析与可视化工具

过去，数据分析通常依赖于专业的数据科学家和技术团队，但随着自助式分析工具的发展，教育管理者、教师等非技术人员也能够轻松操作数据分析和可视化工具，进行自主的数据查询和报告生成。这大大降低了数据分析的门槛，提升了教育管理效率。

3. 智能化决策支持系统的构建

大数据的智能化不仅仅体现在数据处理和分析层面，更表现在数据驱动的决策过程中。智能化决策支持系统能够自动分析数据，识别潜在的问题并提出建议。在教育领域，这类系统可以帮助教育管理者根据学生的学习情况、心理健康、行为模式等数据，预测学生的未来发展趋势，并在此基础上提出个性化的教育方案。

4. 增强现实与虚拟现实的融合

数据可视化技术与增强现实（AR）、虚拟现实（VR）等技术的结合，使得数据的展示更加生动和互动。例如，通过 AR 技术，学生可以通过手机或平板查看自己学习进度的实时动态；而 VR 技术则可以用来模拟教育环境，让管理者或学生身临其境地进行数据互动和体验。

大数据技术的演进推动了存储、处理、分析和可视化技术的不断革新。存储技术的突破解决了数据量激增的问题，数据处理与分析技术的进步大幅提高了数据分析的效率和准确性，而数据可视化与智能化的发展则为管理者提供了更加直观、智能的决策支持。这些技术的进步为教育领域的大数据应用提供了强有力的技术支撑，有助于实现更加高效、精准、个性化的学生教育管理。

二、大数据在教育中的应用趋势

随着大数据技术在教育领域的应用越来越广泛，教育管理模式和教学实践都发生了深刻的变化。大数据为教育工作者提供了丰富的资源，帮助他们做出更加科学、精准和个性化的决策。

（一）精准化管理与智能决策

精准化管理是指通过大数据技术对教育管理过程进行细致入微的控制和优化。它通过实时数据的收集与分析，帮助教育管理者更好地了解学生、教师和学校的各类动态，从而做出更加精准的决策。

1. 数据驱动的管理决策

大数据让教育管理者能够通过多维度、多层次的数据分析，洞察教育系统中的潜在问题。例如，教育管理者可以通过分析学生的成绩、课堂表现、出勤率等数据，及时识别出学业困难的学生，提前采取干预措施。学校可以通过对教师工作绩效、教学内容反馈等数据的综合分析，制订更加精准的教师培训和考核计划，进一步提升教学质量。

2. 实时监测与预警系统

通过大数据技术，教育管理者能够实时监控学生的学业进展和行为表现。例如，学校可以在学生考试成绩和日常学习数据出现异常时，自动触发预警机制，提醒相关教师或家长进行干预。通过数据监测，可以更早地发现问题并做出反应，从而避免学生因学业问题而陷入困境。

3. 资源分配优化

大数据可以帮助教育管理者了解学校各类资源的使用情况，包括教学资源、设备资源和教师资源等。通过对这些数据的分析，学校可以更有效地分配资源，避免资源浪费。例如，根据学生的课程需求和教师的授课能力，合理安排课堂，确保每个学生都能获得最佳的学习资源。

（二）个性化学习与自适应教育

个性化学习是大数据在教育中最为重要的应用之一。大数据通过对学生学习风格、兴趣、习惯等数据的分析，能够为每个学生量身定制个性化的学习计划和方案，最大限度地提高学习效果。

1. 个性化学习路径规划

通过分析学生的学习数据，包括学习进度、知识掌握情况、考试成绩等，教育系统可以为每个学生提供定制化的学习路径。举例来说，系统可以根据学生在某一学科上的薄弱环节，推荐相关的补充学习资源或辅导内容，帮助学生弥补知识盲点。这种个性化的学习路径能够大大提升学生的学习效率和动力。

2. 自适应学习平台的构建

自适应学习技术是大数据在教育中的重要创新之一。通过使用智能算法，学习平台能够实时根据学生的学习进度和表现，自动调整学习内容的难度和形式。例如，当学生掌握某个知识点后，系统会根据学生的表现自动提高难度，向更高阶的知识点过渡。这样，学习内容不仅根据学生的能力调整，还能确保学生在适当的时间接触适合自己的学习资源。

3. 学习风格的智能分析与应用

大数据可以深入挖掘学生的学习风格，如视觉型、听觉型或动手实践型等，通过分析学生的学习行为数据，智能系统能够识别出学生的偏好，并为其推送最合适的学习方式。例如，对于视觉型学生，可以更多地推荐图像、视频等资源；对于动手实践型的学生，则可以推荐项目任务和实验内容。通过这种个性化的学习方式，学生能够通过最适合自己的学习模式取得更好的成绩。

（三）教育政策的动态调整与实时监控

大数据不仅能够为教育管理和教学提供决策支持，还能够帮助教育政策的制定者进行动态调整和实时监控。教育政策的执行效果往往需要通过大量的数据反馈来评估，而大数据正是这一过程的强大支撑。

1. 政策效果的实时评估

大数据能够实时跟踪教育政策的实施效果，为政策制定者提供及时反馈。例如，教育部门可以通过分析各地区的学生成绩、升学率、师生比等数据，快速评估某项政策在不同地区的实施效果。如果某项政策在某个地区没有达到预期效果，管理者可以迅速调整相关措施，而不必等待多年才能发现问题。

2. 动态调整教育政策

随着社会需求和教育环境的变化，教育政策也需要不断调整。大数据能够帮助教育部门识别政策执行中的变化趋势，并及时进行调整。例如，随着学生个性化需求的不断增长，传统的教育政策可能需要进行相应的调整。通过大数据分析，政策制定者可以了解学生的需求和变化趋势，从而对课程设置、招生政策、教师培训等方面进行灵活调整。

3. 实时监控教育政策的执行过程

大数据还可以用于实时监控教育政策的执行过程，确保政策落到实处。比如，某项新的教育改革政策在全国范围内实施，教育部门可以通过大数据平台实时获取各个学校的实施情况，包括课程调整、教学质量、教师培训等方面的具体数据，及时发现问题并采取纠正措施，确保政策的有效执行。

三、大数据技术对教育管理工作的深远影响

随着大数据技术的不断发展和广泛应用，教育管理工作正发生着深刻的变革。大数据不仅在教学内容和学生学习过程中发挥着重要作用，也在教育管理模式、管理者角色及教育服务方面带来了显著变化。

（一）教育管理者角色的转变

随着大数据技术的引入，教育管理者的角色发生了重要转变。传统的教育管理者主要负责决策、监督和管理，而在大数据的支持下，他们的职责更

加多样化和智能化。

1. 从决策者到数据分析者

在传统的教育管理模式中，管理者往往依赖经验、直觉和少量的统计数据来做决策。随着大数据的应用，教育管理者越来越依赖大量实时数据来做出决策。通过分析学生的学习情况、教学质量、资源分配等数据，管理者可以做出更加科学和精准的判断。教育管理者不仅要具备传统的管理技能，还需要具备一定的数据分析能力，成为数据驱动决策的核心人物。

2. 从监督者到服务提供者

在大数据时代，教育管理者的监督角色逐渐转变为服务提供者。教育管理者需要通过数据提供及时的反馈和服务，以帮助教师不断提高教学水平，学习获得更加个性化的指导。通过实时监测学生的学习动态和行为表现，教育管理者可以根据学生的个性化需求，提供更多有针对性的支持。例如，管理者可以根据数据了解哪些学生需要额外的辅导，哪些课程的教学效果较差，从而主动提供帮助或调整资源配置。

3. 从资源配置者到需求预测者

过去，教育管理者通常在年度或学期开始时进行资源的粗略配置，而大数据技术使得这一过程更加精细化。借助大数据，教育管理者可以准确地预测学生的需求和教学资源的使用情况。通过分析历史数据和趋势预测，管理者可以提前安排课程、教师、设备等资源，从而做到按需分配，避免资源浪费，并提升教育质量。

（二）教育服务的精准化与个性化

大数据技术的广泛应用使得教育服务向精准化和个性化方向发展，尤其是在课程设计、学生辅导、学习资源推送等方面，能够根据学生的具体需求提供量身定制的服务。

1. 精准化的教学与学业服务

大数据能够帮助教育管理者和教师更加精准地了解每个学生的学习进度、

兴趣爱好、学习困难等。通过分析学生的成绩数据、课堂参与情况、作业表现等，教师可以及时了解学生的薄弱环节并进行针对性辅导。教育管理者可以根据这些数据，合理配置教学资源，制订适合学生群体的课程方案，确保每个学生都能在合适的环境中成长。

2. 个性化学习资源的推送

每个学生的学习能力、兴趣爱好、学习习惯等各不相同，传统的“一刀切”式教学难以满足学生的个性化需求。大数据能够根据学生的学习数据，智能化地推荐适合其学习进度、兴趣和能力的学习资源。例如，通过分析学生在某一学科上的掌握程度，系统可以推荐相关的教材、练习题或视频讲解，帮助学生有针对性地进行自我提升。这样，学习内容的推送不仅更符合学生的个人需求，也能够提高学习效率。

3. 个性化辅导与学习路径定制

大数据技术使得个性化辅导成为可能。教师能够根据学生的学习数据，发现学生的优势和弱点，制订出个性化的辅导计划。例如，对于有较大进步空间的学生，教师可以设计更为细致的学习路径，包括不同难度的题目、个别辅导的时间安排等。学生也能够根据大数据平台推荐的学习路径进行自我调整，逐步提高自己的学习水平。这种定制化的辅导方案可以帮助学生在不同的学习阶段都能获得适切的教育支持。

4. 实时反馈与自适应学习

大数据能够实时跟踪学生的学习进度和状态，教育系统可以根据学生的表现，及时提供反馈并调整教学内容。例如，当学生在某个知识点遇到困难时，系统可以自动推荐补充材料，或者提醒教师关注该学生的学习状况。随着学生学习进程的推进，教育系统可以自动调整学习路径，确保学生在最佳的学习曲线上前进，避免因课程进度不适合而造成的学习压力或厌学情绪。

第三节　传统学生教育管理工作模式剖析

在大数据时代来临之前，传统的学生教育管理模式具有一定的历史积淀，但随着教育需求的多样化和信息技术的迅速发展，传统模式逐渐暴露出许多局限性。本节将从传统教育管理模式的特点、局限性、信息流通问题和教育公平问题等方面进行剖析。

一、传统教育管理模式的特点

（一）以人为中心的管理方式

传统的学生教育管理模式以人为中心，强调师生之间的互动、管理者的指导和监控。在这种模式中，教育管理者和教师依赖自身经验、观察和面对面的沟通来进行日常管理，并注重个性化的人工管理。传统的教育管理模式往往侧重于“人的管理”，忽视了技术的支持，更多依赖于主观判断和人工干预。

（二）传统手工记录与信息不对称

在传统管理模式中，许多信息依靠手工记录、纸质档案和人工整理。这种管理方式既低效又容易出错，尤其是在处理大量学生信息时，容易发生信息遗漏、重复录入等问题。由于信息没有实现数字化，管理者往往无法快速获得全面、及时的学生数据，从而造成了信息的不对称。因此，信息滞后的问题影响了教育决策的科学性和及时性。

（三）管理主体的多元化与分散化

在传统的教育管理模式中，管理职责通常由不同层级、部门的管理者分担。例如，学生的学业成绩由教师管理，学生的生活行为由班主任负责，学生的心理健康由心理老师进行管理。教育管理职责分散，缺乏统一的协同机制，各管理主体的信息交流往往不畅通，导致教育管理的碎片化，从而影响管理效果和效率。

二、传统管理模式的局限性

（一）难以应对大规模数据处理

传统教育管理模式的局限性之一是难以有效处理和分析大规模数据。在大数据时代，教育领域的数据量和数据种类急剧增加，如学生成绩、行为数据、健康数据、活动参与数据等。传统的管理模式无法快速有效地处理如此庞大的信息量，导致许多数据无法及时反馈给教育管理者，从而影响决策和行动的精准度。

（二）决策依据的滞后性与不准确性

由于传统教育管理方式过度依赖人工收集和处理信息，管理者往往无法及时获取最新的学生信息，导致决策依据滞后。管理者的决策多依赖过去的经验和有限的信息，缺乏实时的数据支持。这种滞后性不仅影响了决策的准确性，还可能导致应对突发问题时的迟缓，从而影响教育质量的提升。

（三）学生个性化需求的无法满足

传统模式下的教育管理往往以集体化、统一化的方式进行，缺乏对学生个性化需求的精准把握。教师和教育管理者通常无法根据每个学生的具体情况（如学习习惯、兴趣、情感状态等）制订个性化的教育方案。个性化教育的缺失意味着许多学生的潜力没有得到充分发挥，教育资源的配置也未能最大化地满足学生的需求。

三、教育管理流程中的信息流通问题

（一）信息孤岛与数据碎片化

在传统的教育管理中，不同部门和不同层级的信息往往独立存储，形成了“信息孤岛”，如学籍管理、成绩管理、行为管理等系统之间缺乏有效的互通性。数据碎片化严重影响了信息的整合与分析，导致教育管理者无法从整体上了解学生的学习、生活和发展情况，进而影响管理决策的全面性和准确性。

（二）沟通与协作的低效性

传统教育管理模式下，各级管理人员和教师之间的沟通多依赖会议、报告和口头交流等形式。这种沟通方式往往效率低下，容易产生信息滞后和传递错误的问题。由于缺乏高效的信息流通机制，教育管理者在执行决策时常常面临协调难度和协作障碍，无法形成快速响应机制。

（三）决策的滞后与信息不对称

传统管理模式中，教育决策往往需要依赖一段时间的人工整理和汇报，这导致决策过程滞后且容易受到人为因素的影响。教育管理者常常无法及时获取学生的实时表现、情感变化和学习数据，从而造成决策时信息不对称。例如，学生出现学业危机时，管理者往往只能在学生成绩公布后才得到反馈，错过了干预的最佳时机。

四、传统模式下的教育公平问题

（一）资源分配不均

在传统的教育管理模式中，由于缺乏大数据支持，资源的分配往往存在不均衡的问题。某些学科或区域的资源集中，而一些地区或学生群体可能面临教育资源匮乏的困境。教育资源的分配依赖于传统的人工决策，常常忽视实际的需求和数据支持，从而加剧了教育的不平等。

（二）个性化教育支持的缺失

传统教育管理模式无法准确把握学生的个性化需求，导致个性化教育支持的缺失。每个学生的学习方式、兴趣、发展方向都不同，但在传统模式下，往往采取“一刀切”的教学方式，忽视了学生的差异性。教育管理者未能有效整合信息，提供针对性的支持，导致许多学生的潜能无法得到充分发挥，个性化教育的目标也无法实现。

传统学生教育管理工作模式虽然在一定历史时期内发挥了作用，但随着教育信息化、数字化的推进，传统模式逐渐暴露出许多局限性。尤其是在数据处理、决策支持、个性化教育等方面，传统管理模式难以满足新时代教育管理的需求。通过分析，我们可以更加清楚地看到引入大数据技术的重要性，以推动教育管理向更加科学、精准和个性化的方向发展。

第四节　大数据为学生教育管理带来的机遇

在大数据时代，教育管理不仅依赖传统的教学方法和手段，还在各个方面得到了技术的提升。大数据的引入为教育管理带来了众多机遇，能够优化教育管理模式，推动个性化教育的发展，提升管理效能，并促进教育公平与个性化发展。本节将深入探讨这些机遇如何为学生教育管理提供支持和转变。

一、大数据优化教育管理模式

（一）智能化、精准化的管理体系

大数据的引入使教育管理体系向智能化和精准化方向发展。通过对学生的行为数据、成绩数据、参与度等进行实时分析，教育管理者能够全面了解学生的各项表现，制订更加科学的管理措施。智能化的管理体系能够自动处理大量学生数据，识别潜在问题并提出相应的干预措施。例如，通过对学生成绩波动、课堂参与情况等数据的自动监测，可以提前预警并及时采取措施，避免学生的学业问题进一步恶化。

（二）信息化与数字化的深度融合

随着大数据技术的发展，教育管理逐渐实现了信息化与数字化的深度融合。传统的教育管理往往依赖于人工记录和纸质文件，而大数据时代的教育管理则通过数字化平台实时采集、存储和分析教育相关数据。信息化平台能够将学生的学业、心理、行为等数据进行全面汇总，帮助管理者更好地掌握

学生的整体情况。数据的数字化和自动化处理也大大提高了管理效率，减少了人工干预和错误，提升了管理质量。

（三）教育数据的即时监控与决策支持

大数据能够提供教育数据的即时监控，使得教育管理者能够随时跟踪学生的学业、行为和情感状态。基于大数据的分析，教育决策支持系统能够为管理者提供实时的决策依据。例如，学生出现成绩下滑、心理压力增大的情况时，教育管理者可以及时发现并采取相应的措施进行干预，从而提高决策的及时性和科学性。这种数据驱动的决策支持系统可以大大提高教育管理的精准度和应对复杂教育问题的能力。

二、大数据在学生个性化教育中的应用

（一）学习风格与能力分析

大数据可以帮助教育工作者深入分析学生的学习风格和能力。通过分析学生的学习行为数据（如课后作业完成情况、在线学习平台的使用数据等），教育管理者可以识别出每个学生的学习偏好、优势科目和薄弱领域。这些数据可以为个性化教学方案的制订提供依据，使得教育内容能够与学生的个性化需求相匹配，从而达到更好的学习效果。

（二）数据驱动的个性化学习路径

通过对学生学业成绩、课堂表现和个人兴趣的全面分析，大数据能够帮助设计个性化的学习路径。传统的教学模式往往忽视了学生的个性差异，而大数据技术可以精准分析学生的学习进度、知识掌握情况及其薄弱环节，进而为每个学生量身定制科学的学习计划和路径。通过个性化的学习路径，学生能够在最合适的时间和内容上获得教育资源，最大化提升学习效率和成果。

（三）学生兴趣与发展潜力的挖掘

大数据还能够挖掘学生的兴趣和发展潜力，通过对学生行为、兴趣和参与活动的数据分析，教育者可以识别学生的兴趣领域并提供相应的教育资源

和支持。通过大数据分析，学生的兴趣不再是通过传统的问卷调查或老师的观察来捕捉，而是通过数据挖掘技术来实时跟踪学生的兴趣变化趋势，帮助教育管理者为学生提供更具针对性和吸引力的教学内容，激发学生的学习动力和潜力。

三、大数据提升教育管理效能

（一）提高决策质量与准确性

大数据的应用显著提高了教育管理决策的质量和准确性。传统教育管理决策依赖有限的样本和历史经验，而大数据技术提供了大量实时更新的数据供决策参考。教育管理者能够基于大数据分析对学生的学业成绩、行为表现、心理健康等各方面进行全面评估，进而做出更加科学、精准的决策。例如，基于学生的历史数据和动态数据，管理者可以提前预测学生在特定情况下的表现，为学生制定更加适宜的教育干预策略。

（二）实现教育管理的实时性与动态性

大数据技术使教育管理具备了实时性和动态性的特点。在传统教育管理中，很多决策是基于学生定期提交的成绩报告或年终考核，这种周期性的反馈模式往往滞后，无法及时解决学生面临的问题。大数据使得教育管理可以实时监控学生的学习进度、心理状态等各类数据，实时了解学生的需求，及时调整教育方案和管理策略，确保教育资源的高效利用和学生问题的快速解决。

（三）提升学生参与感与学习动力

大数据还能够通过个性化的反馈和教育资源的精准推送，提升学生的参与感和学习动力。例如，通过学习平台的数据分析，教育管理者能够实时了解学生的学习情况并及时为其推送合适的学习资源和建议。这种个性化的教育服务能够激发学生的学习兴趣，增强他们对学习的参与感和动力，从而提高学习效果和成绩。

四、大数据推动教育公平与个性化发展

（一）为弱势群体提供定向支持

大数据能够帮助教育管理者为弱势群体提供定向支持。通过对学生数据的深入分析，教育者可以发现哪些学生可能面临学习困难或其他生活问题，从而采取有针对性的干预措施。例如，经济困难的学生可以通过大数据分析获得助学金的优先推荐，学习成绩较差的学生可以得到个性化辅导或资源支持。大数据使得教育资源的分配更加精确，能够实现对弱势群体的定向支持，从而进一步促进教育公平。

（二）促进个性化学习与辅导

大数据促进了个性化学习和辅导的实施。通过分析每个学生的学业进展、学习兴趣和行为数据，教育管理者能够为学生提供量身定制的学习方案和辅导计划。这种个性化的教育服务不仅能够满足学生的具体需求，还能够激发他们的学习热情，帮助他们在适合自己的学习路径上实现更好的发展。

大数据为学生教育管理带来了革命性的变化，通过智能化、精准化的管理体系和实时监控与决策支持，教育管理者可以更好地满足学生的个性化需求，提升教育管理的质量和效率。

第五节 大数据推动学生教育管理变革的必要性

一、教育管理的数字化转型

（一）传统管理模式的不足与挑战

传统教育管理模式多依赖手工记录和人工决策，这种管理方式虽然在早期能满足基本需求，但随着信息化时代的到来，显现出了明显的不足。传统管理模式往往基于纸质档案或简单的数据库，信息更新不及时，容易出现滞

后问题，导致教育管理者无法实时把握学生情况或管理决策时效性不足。信息的处理通常是分散的，不同管理者之间信息沟通不畅，容易形成信息孤岛，导致决策依据的不全面和不准确。传统管理模式的人员依赖性强，一旦管理者离开或发生人员变动，教育管理就容易陷入混乱。这种传统模式无法应对日益复杂的教育环境和大规模数据的处理需求。

（二）大数据推动管理创新的动力

大数据技术为教育管理带来了全新的视角和方法。数据的实时性和全面性为教育管理者提供了精确的决策依据，使他们能够从全局出发，做出科学的管理决策。大数据不仅能收集学生的学习行为、健康状况、心理状态等多维度信息，还能分析出潜在的规律和趋势，帮助教育管理者做出预测和规划。大数据技术能够有效打破信息孤岛，实现信息共享和协同工作，使得学校内各部门可以共同协作，形成合力，从而提高整体管理效能。借助大数据分析，教育管理者能够在数据驱动下进行创新，探索出更加高效和灵活的管理方法，以适应新时期的教育发展需求。

（三）信息化与数字化的必要性

在当今信息化社会，教育管理的数字化转型已经成为大势所趋。信息化不仅是提升教育管理效能的必要手段，更是实现教育公平和个性化教育的重要基础。通过信息化手段，学校可以建立起完善的教育管理平台，实现学生信息、教学资源、课程安排等各方面的数字化管理。数字化转型还能推动教育资源的优化配置，通过数据分析了解不同学生的需求，进而提供量身定制的教育服务，从而提高学生的学习效果和满意度。通过推进信息化与数字化的建设，教育管理能够更加灵活、精准地应对未来的教育挑战，推动教育的持续创新和发展。

二、大数据技术的基础性作用

（一）数据采集与分析的精准性

大数据技术的基础性作用之一便是其强大的数据采集与分析能力。在教育管理中，学生的学习成绩、课堂参与情况、心理状态、生活习惯等都是重要的管理数据，传统管理方式往往依靠人工记录和简陋的系统，这导致数据的收集不全面或不及时。大数据技术通过智能化手段，可以全面采集来自各种渠道的数据，包括学生的在线学习行为、作业提交情况、考试成绩、社交互动、网络活动等，形成一个多维度的数据图谱。这些数据不仅量大，而且种类繁多，涵盖了学生的各个方面。大数据技术的精准性则表现在其能够快速、全面地对这些海量数据进行整理和清洗，确保数据的完整性和准确性。通过数据挖掘和分析，教育管理者可以清晰了解学生的学习趋势、个性特点、潜在问题等，从而做出更为精准的决策和干预，提升教育管理的整体效果。

（二）大数据推动教育管理决策的科学化

大数据对教育管理决策的推动作用，尤其体现在其能够使决策更加科学、精确和个性化。传统的教育管理往往依赖经验和主观判断，决策者的个人偏好或对数据的理解限制了决策的准确性和广泛性。大数据则通过数据驱动的方式，提供了客观、实时的决策依据。例如，教育管理者可以借助大数据分析，了解学生的学习进度、行为模式和在各学科中的优势与不足，从而为每个学生制订个性化的学习计划。大数据还能帮助教育管理者识别学生群体中存在的共性问题，如学业成绩普遍下降、学生心理健康问题等，并提供有效的解决方案。通过科学的数据分析和决策支持，教育管理的各个环节变得更加精准和高效，极大提升了决策的合理性和实用性。

（三）为教育管理者提供实时数据支持

实时数据支持是大数据技术在教育管理中的另一大基础性作用。教育管理需要快速响应学生的需求和变化，传统模式下，管理者往往依赖定期的统计数据或报告，但这些数据往往滞后且不够及时，导致管理决策无法跟上实际情况。大数据技术能够为教育管理者提供实时的数据支持，通过实时监控学生的学习进度、课堂表现、心理健康等各个方面的情况，帮助教育管理者在第一时间识别出潜在的问题，及时做出调整。例如，学校可以通过实时数据监测学生的出勤情况，及时发现缺课问题，并通过数据分析预测学生的学业风险，提供有针对性的辅导。大数据还可以帮助教育管理者实时了解教学资源的使用情况，优化课程安排，确保教学活动的高效运行。通过实时数据支持，教育管理者能够更加敏捷地应对教育过程中的各种变化和挑战，确保教育管理工作的顺利进行。

三、教育管理现代化的目标与大数据的契合

（一）教育公平与资源配置合理

教育公平是现代教育管理的核心目标之一，旨在为所有学生提供平等的学习机会和资源。在传统教育管理模式下，资源配置往往存在不均衡的现象，尤其是偏远地区和城市之间的教育资源差距较大。大数据技术在此方面的契合作用表现在其能够精准分析各个地区、学校、班级及学生之间的教育资源分布和需求差异。通过对教育资源的实时监控和数据分析，管理者可以根据学生的实际需求进行合理配置。例如，大数据可以帮助分析某一地区学生在学科学习、课外活动等方面的资源需求，及时调整教育资源的投入，以实现更公平的教育分配。大数据还能够监测教育资源的使用效率，避免资源浪费，推动资源的优化配置，促进教育公平的实现。

（二）个性化教育与差异化管理

个性化教育是教育现代化中的另一个重要目标，旨在根据学生的学习风格、兴趣、能力和个性特点提供定制化的教育方案。传统的“一刀切”教育方式无法满足学生多样化的学习需求，而大数据技术则能够准确描绘每个学生的“画像”。这些数据为教育管理者提供了有关学生的详细信息，包括学习

习惯、优势科目、弱点领域等，从而帮助教育工作者制订个性化的教学策略。大数据的个性化推荐系统也可以为学生推送适合其兴趣和能力的学习资源和辅导计划，使学生在适合自己的教育环境中成长。大数据还能帮助教育管理者实现对学生个体差异的动态追踪，及时识别学生的学习瓶颈或心理问题，提供差异化的干预措施，从而有效提升教育质量。

（三）管理决策的智能化与精准化

管理决策的智能化与精准化是教育管理现代化的重要组成部分。传统的教育管理决策往往依赖经验和直觉，决策过程受限于信息获取的滞后性和数据的不足。大数据技术通过集成、分析和挖掘大量教育数据，为决策者提供更全面、客观和实时的信息支持。利用大数据技术，教育管理者可以在海量数据中识别出关键的趋势、模式和潜在的问题，从而做出更加智能化和精准化的决策。例如，教育管理者可以通过大数据分析学生的学业成绩、行为表现、课程偏好等信息，预测学生的学习趋势，及时调整教学计划，优化课程安排。智能化的决策系统还能通过算法推荐合适的教学方案、课外活动和辅导策略，实现精准的个性化管理。大数据的应用使教育管理决策更加科学化、精准化，从而提高了教育管理的效能，推动了教育管理现代化的进程。

四、实现教育管理效能提升的途径

（一）基于数据的流程优化与再设计

教育管理中许多传统流程存在效率低下和信息传递不畅的问题，尤其是在面对庞大的学生群体和繁复的管理任务时，手动操作和传统流程往往难以满足高效管理的需求。大数据技术为流程优化和再设计提供了有效的解决方案。通过收集和分析各类教育管理数据，可以深入了解当前流程中的瓶颈和低效环节。例如，学校可以通过分析学生报名、选课、作业提交等环节的数据流，发现流程中冗余的步骤、延误的节点或者是资源分配的不合理之处。在此基础上，管理者可以重新设计这些流程，减少不必要的操作环节，实现自动化处理，提高工作效率。数据驱动的流程优化还能够帮助管理者实时监控各个管理环节的执行效果，并根据实时数据进行调整，确保管理流程的高效性和精准性。通过这种方式，教育管理效能能够得到大幅度提升，提升资源利用率，减轻工作负担。

（二）管理团队的能力提升与技术支持

随着大数据技术的深入应用，教育管理的复杂性和技术需求日益增加，管理团队的能力提升和技术支持变得尤为重要。教育管理者需要具备一定的数字素养，包括理解和运用大数据分析工具的能力、数据解读和决策的能力。通过对大数据技术的学习和培训，管理者可以更加准确地理解学生的需求和行为模式，进而制订更为科学和个性化的管理方案。为了提升管理效能，学校可以建立跨部门合作的技术支持团队，确保数据采集、存储、分析和应用等各个环节都能顺利进行。技术团队不仅能够提供技术支持，确保系统稳定运行，还能够根据数据分析结果向管理者提供决策建议。教育管理团队还需具备持续学习和创新的能力，保持对最新技术和管理理念的敏锐洞察力，以便在大数据时代应对不断变化的挑战和机遇。通过团队能力的提升与技术支持的加强，教育管理的整体效能能够得到显著提高，进一步推动教育管理的现代化发展。

第二章　学生教育管理大数据体系构建

第一节　学生基础信息大数据维度

一、学生个人信息的收集与整合

在学生教育管理的大数据体系中，学生个人信息的收集与整合是基础和关键。这一维度的核心目标是建立一个全面、系统的学生信息库，为后续的数据分析与决策提供准确的数据支持。学生个人信息的收集涉及多个层面，不仅包括学生的身份基本信息，还涉及家庭背景、学业成绩、心理健康等方面的数据。有效整合这些信息，使得各类数据能够在一个统一的平台上交流和分析，是构建学生教育管理大数据体系的首要任务。

（一）学生身份基本信息的采集与管理

学生身份基本信息的采集与管理是学生教育管理大数据体系中的基础工作。学生身份信息通常包括学生的姓名、性别、出生日期、学号、年级、专业、班级等数据。这些信息是学生在学校的唯一识别标识，对于学校的日常管理和档案建设至关重要。信息采集通常通过入学登记、学籍管理系统、线上平台等途径完成，且随着时间的推移，数据需要进行及时的更新和维护。例如，学生转学、毕业、休学等情况都会影响学生的身份信息，需要通过系统进行动态管理。学校还应保障数据的安全性，防止信息泄露和滥用，确保所有身份信息都在合法合规的框架下进行管理。

（二）家庭背景与社会关系的相关数据

学生的家庭背景和社会关系对其成长和教育产生深远影响。收集和分析学生的家庭背景及社会关系数据有助于学校全面了解学生的成长环境，为制订个性化教育策略提供依据。家庭背景数据包括家长的职业、学历、收入、居住地、家庭结构等信息。这些数据可以帮助学校评估学生的家庭支持度及其社会经济状况，从而推测学生可能面临的学习和心理发展挑战。例如，来自低收入家庭的学生可能需要更多的心理辅导和学习资源支持。社会关系数据则包括学生与同学、老师、校外导师等人的互动关系，尤其是在团队合作、课外活动和社交网络中的表现。通过整合这些数据，学校可以更好地理解学生的社会适应情况和心理需求，进而为教育管理提供更多维度的数据支持。

（三）学生成长过程中的关键节点数据

学生成长过程中的关键节点数据指在学生教育生涯中，影响其成长的重要时刻和事件。这些数据包括学生在不同年级的学业表现、心理变化、社交技能发展、特长爱好、获得的奖励和成就等。关键节点数据的收集帮助学校跟踪学生的成长轨迹，及时发现学生在某些关键时期可能面临的困难和挑战。例如，学生进入初中、高中或大学时，可能会遇到适应性问题，这时学校可以通过分析这些节点数据，提供必要的辅导和支持。关键节点还包括学业成绩的变化、体育和艺术成绩、奖学金或竞赛奖项的获得等，这些因素对学生的未来发展至关重要。通过将这些数据纳入学生个人信息体系，学校不仅能够更好地跟踪学生的成长，也能为制订个性化的教育方案提供数据支持。

二、学生学科成绩与学业表现的维度

（一）成绩的分类与数据化管理

学生的学科成绩是衡量其学习成果的重要指标之一，成绩的分类与数据化管理有助于教育管理者和教师清晰地了解学生在不同学科和学习阶段的表现。学科成绩的分类通常包括期中期末成绩、作业成绩、实验成绩、课堂表现等。将成绩进行合理分类，有助于为学生提供全面的学业评估。例如，课堂表现和作业成绩能够反映学生的日常学习情况，而期末考试成绩则更加关注学生对知识的掌握程度。通过对这些成绩的数字化管理，学校能够系统地记录和分析学生的成绩变化，为后续的教学调整提供依据。数据化管理的优势在于通过信息系统自动化地记录和更新成绩数据，避免人为误差，同时能够实现多维度的数据查询和分析。通过将成绩进行数据化管理，学校还可以对不同学科、班级甚至学年进行横向比较，及时识别学习上的趋势和潜在问题。

（二）学习进展记录与评估标准

学生的学习进展记录和评估标准是理解学生学业发展的关键环节。学习进展记录是指对学生在各学期或学年内学习情况的动态追踪，包括课堂参与、作业完成情况、学习态度和学习成果等方面。通过建立学习进展记录，教育管理者可以更细致地了解学生的学习过程，从而为学生提供更具针对性的教育支持。例如，对于学习进度较慢的学生，教师可以进行个性化辅导，帮助其补上知识盲点。评估标准是衡量学生学业水平的重要依据，不同学科和教育阶段可能会有不同的评估标准。这些标准可以包括知识掌握的深度、技能的应用、创新思维和问题解决能力等。通过清晰、透明的评估标准，学校能够确保学业评估的公正性和一致性。借助大数据分析，学校能够量化评估标准，深入分析学生的学习进展，为教师和学生提供更多的反馈和指导。

（三）跨学科与综合能力的评价维度

随着教育理念的更新，单纯依靠学科成绩来评价学生的学业表现已不科学。跨学科和综合能力的评价维度逐渐被引入学业评估中，成为衡量学生能力的重要部分。跨学科的评价维度主要关注学生在不同学科之间的知识整合与应用能力，如学生在数学、科学、文学等学科之间的知识交叉与融合情况，以及他们是否能够将学科知识转化为解决实际问题的能力。这一评价维度能够帮助学生培养批判性思维、创新思维和跨领域的综合能力。综合能力评价则更注重学生的综合素质，包括逻辑思维、沟通表达、团队合作、领导力、问题解决能力等。这些能力对于学生未来的发展至关重要，但往往难以通过传统的学科成绩来完全衡量。通过大数据分析和多维度的评价体系，学校能够对学生的综合能力进行全面评估，为学生的全面发展提供更多支持。例如，学校可以通过项目式学习、跨学科竞赛等形式来评估学生的综合能力，并通过数据化手段追踪和记录学生的成长轨迹。这种跨学科和综合能力的评价维度不仅能够促进学生的全面发展，还能够为教育政策的制定和课程设计提供有力的数据支持。

三、学生健康状况与心理数据的维度

（一）健康体检与运动记录的收集

学生的身体健康状况对其学习效果和整体发展具有重要影响。健康体检与运动记录的收集是学生健康状况大数据维度中的重要组成部分。学校通常通过定期的健康体检，收集学生的基本健康信息，包括身高、体重、视力、听力、血压、免疫接种记录等。学生的运动记录也是了解其健康状况的重要数据，运动不仅能提高学生的身体素质，还能对学生的心理健康产生积极影响。学校可以通过运动会、体育课、课外活动等途径收集学生的运动数据，如运动频率、运动强度和种类等。这些数据通过数字化管理和分析，可以帮助学校及时发现学生在身体健康上的潜在问题，如体重异常、视力下降等，并提供有针对性的健康建议或干预措施。运动数据还能够揭示学生的体育活动参与度，为学校设计更加丰富多样的体育课程和活动提供依据。结合健康体检和运动记录，学校能够为学生提供全面的健康管理服务，促进学生的身体和心理双向发展。

（二）心理健康评估与干预数据

学生的心理健康同样是影响其学习和生活的重要因素。心理健康评估与干预数据的收集与分析可以帮助学校及时发现学生可能存在的心理问题，并采取有效的干预措施。心理健康评估通常通过问卷调查、心理测量工具、个别谈话等方式进行，涵盖学生的情绪、焦虑、抑郁、压力、社交适应等方面的数据。这些数据可以帮助学校了解学生的心理状态和情感变化，识别心理问题的潜在风险，如焦虑症、抑郁症等。通过大数据分析，学校能够跟踪学生心理健康的动态变化，识别不同学生群体的共性心理问题。干预数据则包括学校提供的心理辅导记录、心理疏导课程的参与情况、学生的心理咨询过程等。通过记录这些数据，学校可以评估心理健康干预措施的效果，调整干预策略，并为有需要的学生提供个性化的心理支持。心理健康数据的数字化管理不仅提升了干预工作的效率，还能为学校的心理健康教育提供科学依据。

（三）社交关系与情感状态的分析

学生的社交关系和情感状态在很大程度上影响其心理健康和学习表现。分析学生的社交关系和情感状态有助于教育管理者更全面地理解学生的社会适应情况和情感需求情况。社交关系的分析通常涉及学生与同学、老师、家长，以及其他社会成员的互动情况。通过调查问卷、社交网络分析、教师反馈等途径，学校可以了解学生在集体活动、团队合作中的表现，以及他们在社交关系中面临的挑战。社交孤立、同伴关系问题等都可能影响学生的情感发展和心理健康。情感状态的分析则关注学生在不同情境下的情感反应，包括学生的情绪波动、压力水平、对学校生活的满意度等。通过结合情感状态数据，学校可以及时发现情感问题，如情绪低落、孤独感等，并采取相应的干预措施。社交关系和情感状态的分析结合健康体检与心理健康数据，可以为学校提供更加精准的个性化教育方案，帮助学生更好地融入集体，保持积极的情感状态，从而促进其全面发展。

四、学生行为与社交活动数据的维度

（一）校园行为记录的多维度采集

校园行为记录的多维度采集是对学生在学校内的各种行为进行全面跟踪和记录的过程。学生的校园行为不仅仅局限于课堂上的学习，还包括他们在课间、课外活动、学校公共场所等方面的表现。行为记录的多维度采集通常包括学生的出勤情况、课堂互动、课外活动参与情况、纪律处分记录、课后作业完成情况等。通过这些数据，学校可以全面了解学生的行为习惯、学习态度和自我管理能力。例如，学生的出勤率和课堂互动情况可以反映出他们的学习兴趣和参与度，而课外活动和社交行为则揭示了他们的社交能力、团队协作和自我组织能力。多维度的行为数据收集通过电子签到、课堂互动软件、行为监控系统等手段实现，能够减少人工记录的误差，并为学校提供准确、实时的学生行为数据。这些数据不仅为学生的个性化教育提供支持，也能为学校管理者改进教育教学、调整管理策略奠定基础。

（二）社交网络活动与行为模式分析

随着社交网络的普及，学生的线上社交活动已成为了解其行为和情感状态的重要维度。通过对学生社交网络活动的分析，学校可以发现学生的社交圈层、兴趣偏好、情感表达等方面的信息。社交网络活动的分析通常包括学生在社交平台上的互动频率、社交内容、关系密度、参与的群体活动等数据。这些数据可以帮助学校评估学生的社交适应能力和网络社交行为对其心理和学业的影响。例如，学生频繁在社交平台上发表情感性言论或参与争论，可能表明其在现实生活中的社交方面存在问题，或者存在心理压力。学校可以通过数据分析，及时识别这些问题，提供适当的心理辅导或社交技能训练。社交网络的行为模式分析不仅可以为学校提供学生社交互动的深层次洞察，也能帮助学校发现学生可能面临的心理问题或社交困境，为相关干预提供依据。

（三）课外活动与社团参与的数据化管理

课外活动和社团参与是学生发展过程中不可或缺的一部分，它们不仅能丰富学生的校园生活，还能培养学生的综合能力，如领导力、团队合作、创新思维等。通过对课外活动和社团参与情况的数据化管理，学校能够有效追踪学生的课外活动参与度、兴趣发展及其社会实践经验。数据化管理通常包括学生参与的社团、活动频次、角色分工、活动成果等方面的记录。例如，学生参与音乐社团、运动队、志愿者活动等，都可以通过系统进行跟踪，记录他们在这些活动中的表现和贡献。通过数据化管理，学校可以深入了解学生的兴趣和社交偏好，进而为学生提供更加个性化的指导和支持。课外活动和社团参与的表现也能作为学生综合素质评价的重要依据，有助于学校全面了解学生的成长轨迹和多方面的能力发展。数据化管理的优势在于，学校能够清晰地查看学生在课外活动中的发展趋势和成就，为学生的职业规划、大学申请等提供有价值的参考数据。

第二节　学习行为大数据的收集与整理

一、学习过程中的行为数据收集

学习过程中的行为数据收集是指通过技术手段对学生在学习过程中产生的各种行为进行实时记录和分析。这些数据为学校和教师提供了深入了解学生学习情况、优化教学策略和干预的基础。通过对学习行为的收集，学校可以对学生的学习态度、学习习惯、学习成绩等方面进行科学评估，并为个性化教学提供数据支持。学习行为数据的收集涉及多个维度，包括学习时间、学习频率、学习态度、课堂参与等，数据的有效整理与分析能够为教育决策者提供全面的学生学习轨迹。

（一）学习时间与学习频率的跟踪

学习时间与学习频率的跟踪是学习行为数据收集中的重要组成部分，这些数据对于评估学生的学习投入程度、学习习惯和学习效果具有重要意义。学校可以通过各种工具和平台收集这些数据，从而更好地了解学生的学习状态，并做出相应的教育干预。

1. 学习时间的定义与重要性

学习时间通常是指学生每天或每周花费在学习上的总时间，这包括课堂学习时间、课外自学时间、复习时间等。学习时间是衡量学生学习投入程度的一个重要指标。通过跟踪学习时间，学校可以评估学生的学习态度和时间管理能力。较长的学习时间往往与学生的积极学习态度和努力程度相关，而较短的学习时间可能意味着学生未能充分投入学习，存在学习动力不足的情况。

（1）课堂学习时间

学生在课堂上专注于听讲、参与讨论等活动的时间，反映了学生的课堂参与度和注意力集中程度。

（2）课外自学时间

学生课后花费在自我学习、做作业、查阅资料等活动上的时间，能够反映学生的自主学习情况。

（3）复习时间

学生在复习和巩固知识上花费的时间，对于掌握和记忆知识至关重要，能够反映学生的复习习惯和学习策略。

2. 学习频率的定义与重要性

学习频率是指学生进行学习活动的频繁程度。学习频率可以帮助判断学生是否形成了良好的学习习惯，以及其学习活动是否存在周期性。频繁的学习活动表明学生可能具备较强的学习动机和时间管理能力，而较低的学习频率则可能暗示学生在学习上拖延或懒散。学习频率还与学生的情绪状态、健康状况等因素密切相关。

（1）频繁的学习活动

频繁的学习活动意味着学生能够保持持续的学习动力和良好的学习习惯，说明其有较强的学习计划性和自我管理能力。

（2）低频的学习活动

如果学生学习频率较低，可能说明学生缺乏足够的学习动机，或在学习过程中遇到了障碍，导致其难以坚持学习。这种情况可能需要教师和家长的关注与干预。

3. 在线学习平台和辅导软件的作用

现代技术工具，尤其是在线学习平台和课外辅导软件，可以自动记录学生的学习时长和频率。这些平台和软件不仅能提供数据收集功能，还能通过实时反馈帮助学生调整学习计划。

（1）数据记录与分析

通过在线平台，学校可以实时跟踪学生的学习时间和学习频率，生成详细的学习记录和统计报告。这些数据可以帮助教师了解每个学生的学习进度、投入程度和学习习惯。

（2）个性化建议

基于学生的学习时间和频率，平台可以向学生和教师提供个性化的学习建议。例如，如果学生的学习频率较低，系统可以提醒学生增加学习活动，并提供具体的学习任务或资源。

4. 对学生学习状态的反映

学习时间和学习频率的数据能够反映学生的学习状态，帮助学校及时发现学习困难的学生。特别是对于那些学习时间较少或学习频率较低的学生，学校可以通过数据进行早期干预。例如，低学习频率的学生可能有学习动力不足或情绪问题，学校可以通过与学生沟通、安排辅导等方式，帮助他们克服学习上的困难，提高学习效率。

（1）学习动机不足

长时间处于低学习频率状态的学生，可能存在学习动机不足的情况。学校可以通过采取激励措施，如设置奖励机制、提供学习反馈等，激发学生的学习兴趣和动力。

（2）时间管理问题

学生的学习时间和学习频率波动较大，可以反映出其时间管理能力不强。学校可以为学生提供时间管理的培训或指导，帮助学生合理规划和分配学习时间。

5．促进合理学习规划与高效学习

跟踪学生的学习时间和学习频率，学校不仅能够识别学习状态不佳的学生，还能帮助学生更好地规划学习时间。通过合理的学习时间安排，学生能够高效地完成学习任务，同时避免拖延和过度疲劳，从而提高学习效果。

（1）合理学习规划

学校可以帮助学生根据自己的学习时间和学习频率来制订个性化的学习计划。例如，长期学习频率较低的学生，可以尝试设置小目标、增加学习时长，逐步培养良好的学习习惯。

（2）高效学习

学校还可以让学生识别哪些时间段是其学习效率最高的，帮助他们利用高效的学习时间进行重点学习，提升学习质量。

（二）学习态度与行为习惯的分析

学习态度与行为习惯是影响学生学业成绩的关键因素。良好的学习态度和健康的学习行为习惯能够帮助学生提高学习效率，促进知识掌握，并且对长期的学术成就产生深远影响。通过对学生学习态度和行为习惯的分析，学校能够准确了解学生的学习情况，及时为学生提供个性化支持。以下是对学习态度和行为习惯分析的详细解读。

1. 学习态度分析

学习态度是指学生对待学习的心理倾向，包括学生对学习的兴趣、投入、责任心、主动性等。积极的学习态度能够促进学生积极参与学习活动，而消极的学习态度则可能导致学习效率低下。

（1）课堂参与度

学生的课堂参与度是衡量其学习态度的重要指标。课堂参与度包括学生在课堂上的积极发言、参与小组讨论、回答问题等行为。积极参与的学生通常表现出较强的学习兴趣和主动性，而较少参与的学生可能缺乏对课堂内容的关注，或对学习缺乏动力。通过课堂互动记录、教师反馈等方式，学校能够获取关于学生课堂参与度的数据，从而评估其学习态度。

（2）作业提交情况

作业是学生学习过程中的重要组成部分，作业的按时完成情况反映了学生的责任感和时间管理能力。及时完成作业的学生通常表现出较强的自律性和责任心，而拖延作业、经常缺交作业的学生可能存在学习懒散、拖延症等问题。学校可以通过在线学习平台或者作业管理系统来追踪学生的作业提交情况，及时发现存在问题的学生，并进行干预。

（3）课堂发言次数

学生在课堂上的发言次数是评估其学习态度的又一重要标准。频繁发言的学生通常会主动参与课堂讨论，表明他们对课堂内容感兴趣并且愿意表达自己的观点。相反，较少发言的学生可能对课堂内容缺乏兴趣，或缺乏自信和表达能力。通过记录学生的发言次数，教师可以评估学生在课堂中的学习态度，并为其提供适当的支持。

（4）主动寻求帮助的行为

学生是否主动寻求帮助也反映了其学习态度。主动向教师、同学寻求帮助的学生通常表现出较强的学习动机和解决问题的能力。不寻求帮助的学生可能存在学习障碍，或者缺乏积极的学习心态。学校可以通过学生的询问记录、教师的反馈等方式，分析学生是否存在困惑，并针对性地提供辅导和帮助。

2. 行为习惯分析

学习行为习惯是指学生在学习过程中养成的日常习惯，包括学习时间管理、复习策略、笔记整理等。这些行为习惯直接影响学生的学习效率和学习质量。学校可以通过行为习惯的分析来了解学生是否具备良好的学习习惯，进而帮助学生提高学业水平。

（1）预习与复习的习惯

学生是否养成预习和复习的习惯是衡量其学习行为是否高效的关键指标。良好的预习习惯能够帮助学生提前了解学习内容，为课堂学习做好准备；而有效的复习习惯则有助于巩固和加深对知识的理解。如果学生缺乏预习和复习习惯，往往会在学习中遇到困难，导致知识掌握不牢固。学校可以通过学习平台记录学生的学习活动，如是否按时预习、是否参与复习等，来评估学生的学习习惯。

（2）整理笔记与复习材料的习惯

整理笔记和复习材料是许多优秀学生养成的习惯，能够帮助学生更好地理解和记忆课堂知识。通过笔记整理，学生能够在学习过程中对重要知识进行梳理和总结，增强知识的记忆效果。如果学生没有养成这一习惯，可能会导致学习效率低下，且难以回顾和复习所学内容。学校可以通过学习管理系统监测学生是否养成良好的笔记整理和复习习惯，及时发现学生的学习障碍。

（3）时间管理能力

学生的时间管理能力也是行为习惯分析中的重要方面。高效的时间管理能力能够帮助学生合理安排学习和休息时间，避免出现拖延和疲劳现象。通过跟踪学生的学习时间、休息时间及其间隔，学校能够评估学生的时间管理情况。时间管理不当的学生，可能面临学习压力过大或学习不够深入的情况，学校可以通过提供时间管理的指导，帮助学生制订科学的学习计划。

（4）学习与休息的平衡

学生合理安排学习和休息时间，保持身心健康，也是良好学习习惯的重要体现。过度学习可能导致学生疲劳、焦虑，而休息不足则会影响学生的学习效率和健康。学校可以通过学生的健康监测数据（如运动量、睡眠时间等）来了解学生是否存在过度学习或不良生活习惯的问题，并适时进行调整和干预。

3. 学习态度与行为习惯的评估与干预

学校可以通过学习管理系统、学生行为记录等方式，收集学生在学习过程中的行为数据，定期评估学生的学习态度和行为习惯。对于学习态度消极或行为习惯不良的学生，学校应提供个性化的支持和辅导。

（1）心理辅导

对于学习态度消极、缺乏动力的学生，学校可以通过心理辅导，帮助学生树立正确的学习目标和动机。通过倾听学生的困惑，分析其内心需求，提供情感支持，帮助学生调整学习心态，激发其学习兴趣。

（2）学习策略指导

对于学习习惯不良的学生，学校可以通过学习策略指导，帮助学生掌握有效的学习方法。例如，教学生如何高效预习、如何整理笔记、如何制订学习计划等，帮助学生培养正确的学习行为习惯。

（3）家校合作

家庭对学生学习态度和行为习惯的影响不可忽视。学校应与家长保持沟通，共同关注学生的学习状态，尤其是那些有学习困难的学生。家长应该为学生提供积极的学习环境，帮助学生养成良好的学习习惯。

（三）课堂与作业参与度的实时监控

课堂与作业参与度的实时监控是实现精准教育管理和干预的重要手段。通过对学生在课堂和作业中的参与情况进行实时跟踪，教师可以及时发现学生在学习过程中可能存在的问题，并做出有针对性的调整和支持。这一过程不仅能够提升教学质量，还能有效促进学生的个性化学习。

1. 课堂参与度监控

课堂参与度是衡量学生在课堂上学习积极性和主动性的重要指标。课堂上学生的表现直接影响其知识的掌握程度和课堂的互动氛围，因此实时监控学生的课堂参与度对于教学的有效性至关重要。以下是课堂参与度监控的几个主要维度。

（1）注意力集中度

学生的注意力集中度是课堂参与度的重要体现。通过智能教室中的传感器或摄像头，教师可以实时获取学生的注意力数据。例如，学生是否在课堂上看向讲台，是否参与互动，是否做其他与学习无关的活动。通过对这些数据的分析，教师可以识别出在课堂上分心或不投入的学生，并及时采取措施，提醒他们回归课堂。

（2）互动程度

课堂互动的活跃程度能够反映学生对课程内容的关注度和参与意愿。通过课堂互动工具（如即时答题系统、电子投票器等），教师可以实时监测学生在课堂上的参与情况。例如，学生回答问题的频率、参与讨论的次数等，都能反映其对课程的投入程度。如果某个学生长时间没有参与互动，可能表示其对课堂内容缺乏兴趣或存在理解困难。教师可以根据这些数据及时采取个别辅导或调整教学方法。

（3）课堂笔记整理情况

学生的课堂笔记整理情况也是课堂参与度的一个重要方面。通过智能笔记应用或学习平台，教师可以了解到学生是否在课堂上认真做笔记，笔记的内容是否全面等。这些数据能够帮助教师评估学生对课程的关注程度。笔记整理良好的学生通常对课堂内容有较强的理解和记忆，而缺乏笔记整理的学生可能存在知识点掌握不牢固问题。通过监控学生的笔记整理情况，教师可以及时发现学习中的问题并进行干预。

2. 作业参与度监控

作业是学生巩固和复习课堂知识的重要方式。作业的完成情况直接反映了学生的学习态度、责任心以及时间管理能力。通过作业管理系统，教师可以实时监控学生的作业完成情况，进而评估学生的学习进度。

（1）作业完成情况

作业的完成情况是最直接的参与度指标。通过在线学习平台，教师可以轻松查看学生作业的提交情况，了解哪些学生按时完成作业，哪些学生存在拖延或未提交作业的情况。实时监控这些数据能够帮助教师发现存在作业完成问题的学生，并及时采取措施进行干预。如果学生存在做作业滞后情况，教师可以与学生沟通，了解其背后的原因，并提供适当的支持。

（2）作业质量

作业的质量直接影响学生的学习效果和对知识的掌握程度。通过自动化批改系统或教师人工批改，教师可以了解学生作业的得分情况，分析作业中存在的常见问题，并为学生提供反馈。实时监控作业质量的数据，不仅能够帮助教师及时调整教学策略，还能为个性化教学提供依据。例如，如果多个学生在同一题目上犯了类似的错误，教师可以分析这一问题，是否某个知识点的讲解不清楚，进而决定是否需要对该知识点进行复习或重新讲解。

（3）作业提交的及时性

学生作业的提交时间能够反映出其时间管理能力和责任感。及时提交作业的学生通常有较强的时间管理能力，而拖延提交作业的学生可能存在学习上的困难或拖延症。通过实时监控作业提交的时间，教师可以及时发现作业提交滞后的学生，并进行个别辅导，帮助他们提高自我管理能力，避免因拖延导致学习进度落后。

3. 实时监控数据的应用与反馈

通过实时监控课堂和作业参与度，教师能够获取大量的学习行为数据，为个性化教学和干预提供支持。

（1）个性化辅导

对于课堂参与度低或作业完成滞后的学生，教师可以根据实时监控数据进行个性化辅导。例如，教师可以通过与学生的对话，了解他们在课堂上不参与的原因，是否存在学习困难，或者缺乏学习动机等问题。对于作业完成情况不佳的学生，教师可以通过单独辅导、提供额外资源或调整作业要求等方式，帮助学生克服困难，提高学习效果。

（2）调整教学进度

实时监控课堂参与度和作业完成情况的数据可以帮助教师及时调整教学进度。如果大多数学生在某个知识点上表现不佳，教师可以决定是否需要放慢教学进度，进行复习或重新讲解。如果学生普遍能及时完成作业且质量较高，教师可以适当加快教学进度，增加更多挑战性内容。

（3）学习行为干预

对于那些长期课堂参与度低或做作业滞后的学生，学校可以实施更为细致的学习行为干预措施。例如，可以通过与学生家长合作，了解学生的家庭情况，提供更多的支持和鼓励。学校还可以为这些学生提供心理辅导或学习策略指导，帮助他们解决学习中的困难，调整学习态度。

4. 提升教学质量

通过课堂和作业参与度的实时监控，教师能够实时掌握学生的学习状况，及时采取有效的教学策略，从而提高教学质量。教师还可以根据参与度数据来调整课堂活动的设计，优化教学内容和教学方式，确保每个学生都能充分参与到课堂中，提升整体的学习效果。

二、线上学习平台数据的利用

（一）电子学习平台数据采集的种类与方法

1. 电子学习平台数据采集的种类

（1）登录数据

登录数据是最基本的学习行为数据之一，能够帮助教师了解学生的活跃度和参与情况。登录次数、每次登录时长、登录的时间段等信息可以揭示学生是否规律地使用学习平台。通过分析这些数据，教师可以识别出那些学习参与度较低的学生，从而及时采取措施，如提供额外的学习资源或调整学习进度。

（2）学习时长

学习时长反映了学生在平台上投入的学习时间，能够显示学生对某门课程或学习内容的关注程度。较长的学习时长可能意味着学生对该课程内容有浓厚的兴趣或需要更多时间进行理解和掌握；相反，较短的学习时长则可能表明学生的学习动力不足或学习进展缓慢。教师可以根据学习时长数据发现学生学习上的薄弱环节，为学生提供有针对性的辅导。

（3）访问频次

访问频次是指学生在一定时间内访问学习平台的次数。频繁的访问可以表明学生对学习内容保持较高的兴趣和参与度，而较低的访问频次可能是学生不能有效利用学习资源的表现。通过监测学生的访问频次，教师可以识别潜在的学习困难或对课程内容的兴趣不足，并及时提供个性化的学习建议和辅导。

（4）课程进度

课程进度是指学生在学习平台上完成课程内容的进展情况，包括已完成的章节、模块或课程的百分比。通过实时监测学生的课程进度，教师可以及时了解学生是否按时完成学习任务，是否有进度滞后的情况。课程进度数据对于教师的教学调度至关重要，能够帮助教师决定是否需要调整教学内容或提供额外的学习支持。

（5）测验成绩与作业成绩

测验成绩和作业成绩是评估学生学习效果的重要数据。学生在学习平台上的测验或作业成绩能够反映其对课程内容的掌握情况。例如，某个学生在测验中的成绩较低，可能说明其对相关知识点的理解存在问题。通过对测验成绩和作业成绩的分析，教师能够识别学生的薄弱环节，及时提供反馈和补充教学。

（6）互动行为

学生在学习平台上的互动行为包括参与讨论、提问、与同伴互动等。这些行为反映了学生的学习态度和对知识的探索精神。活跃的互动行为通常表明学生在课堂学习外积极参与，愿意与他人分享想法或寻求帮助。教师可以通过分析互动数据，了解学生的学习兴趣和思考深度，从而优化教学方法和内容，促进学生之间的知识分享与合作学习。

2. 电子学习平台数据采集的方法

（1）嵌入式分析工具

嵌入式分析工具是学习平台中集成的分析功能，它能够实时收集学生的学习数据，并将其汇总成易于分析的报表。这些工具通常自动跟踪学生的学习进度、互动情况、成绩等，通过数据可视化呈现，帮助教师快速了解学生的学习状态。例如，教师可以通过平台的后台查看学生在各个学习模块中的完成情况，分析学生的强项和弱项，从而提供个性化的教学建议。

（2）学习管理系统的自动记录

学习管理系统（LMS）通常具有自动记录学生活动的功能，如自动记录学生的登录情况、学习时长、测验成绩等。LMS不仅能够记录学生在平台上的行为，还可以将数据存储在云端，供教师和管理者分析。这种系统化的数据采集方式保证了数据的准确性和一致性，也为教师提供了一个集中的数据平台，便于教学决策的制订。

（3）行为日志收集

行为日志收集是指平台记录学生每一次点击、浏览的具体行为，包括访问学习资料、观看视频、参与讨论等。通过分析学生的行为日志，教师可以获得关于学生学习习惯、兴趣和学习进展的详细数据。例如，教师可以通过分析学生是否重复观看某个视频、是否跳过某些学习材料，来评估学生对学习内容的接受度和学习进度。这样，教师可以根据数据发现学生的需求，及时调整教学内容。

（4）问卷调查与反馈表单

问卷调查或反馈表单是收集学生主观感受和反馈的重要工具。通过定期向学生发放问卷或反馈表单，学校可以了解学生对课程内容、教学方法和平台功能的看法。这些数据有助于学校改进教学策略和平台功能，以提高学生的学习体验和效果。问卷调查还可以帮助教师识别学生在学习过程中可能遇到的困难，及时提供心理支持或学习策略指导。

（二）在线学习行为的动态记录与分析

在线学习行为的动态记录和分析是指利用技术手段，实时跟踪学生在在线学习过程中的各种行为。这种记录不仅限于学习时长或成绩，还包括学生的互动模式、学习频率、参与程度、学习策略等。动态记录是指对学生学习过程中的每个行为节点进行实时采集。例如，学生在完成一个在线课程的学习时，系统可以自动记录其每次的点击、观看时长、答题情况、复习频次等。这些数据能够动态反映学生对课程内容的吸收程度及学习的进展情况。动态分析则依赖大数据分析技术，结合学生的学习轨迹，生成学生的学习曲线，揭示学习进展中的瓶颈和问题点，帮助教师调整教学策略和内容。动态记录还能够帮助学校及时识别学习进度滞后的学生，为他们提供个性化的辅导，避免学生在学习过程中出现困惑或迷失。通过深入分析这些动态数据，学校不仅能了解学生的学习成果，还能优化教学方法，提高在线教育的质量与效率。

（三）学习内容与资源使用的数据整合

学习内容和资源使用的数据整合指将学生在电子学习平台上访问、学习和使用的各种学习资源的数据进行有效整合和分析。这些学习资源包括课程材料、视频教程、在线作业、参考书籍、讨论论坛等。整合这些数据可以帮助教师了解哪些学习内容或资源最受学生欢迎，哪些内容或资源的利用率较低，以及学生在使用这些资源时是否遇到困难。例如，学生访问某一课程视频的频率和观看时长，能够反映学生对该课程内容的关注程度。如果某个学习资源的使用频率很低，可能表明该资源不能充分吸引学生，或者难度过高，学生未能充分利用。学生在完成作业时对参考资料的查阅情况，也可以为教师提供关于教学材料是否适宜的反馈。通过将学习内容和资源使用的数据进行整合，学校可以优化资源配置，提供更符合学生需求的学习材料。例如，基于学生对某类资源的偏好，平台可以推荐相关资源，提高学习效率。数据整合的优势在于，它能帮助教育者识别学生学习过程中的偏好、需求和困难，从而为学生提供个性化的学习建议和支持，优化整体教学内容和资源使用策略。

三、数据清洗与整理的技术手段

（一）数据格式化与标准化

数据格式化与标准化是数据清洗中的基本步骤，旨在确保不同来源、不同类型的数据能够被统一理解和处理。数据格式化通常包括将各种数据转换为统一的格式，以便系统能够正确读取和分析。例如，日期格式、时间戳、货币单位、数字格式等都可能存在不同的表示方式。通过格式化操作，可以将这些不同的格式转化为统一的标准格式，减少因格式不一致而导致的数据处理问题。标准化则是将数据按统一标准进行规范化处理，尤其在涉及不同数据源时尤为重要。标准化的目的是消除数据来源不同、命名不同、度量单位差异等造成的不一致性。例如，学生的成绩数据可能来自不同的评估系统，标准化过程中需要将所有的成绩按统一的百分制或者等级制进行转换。数据标准化还涉及对文本、分类标签的规范化处理，以避免同一概念出现多种不同的表示方式（如“高中生”与“高年级学生”）。通过数据格式化与标准化，可以确保在进行后续分析时，不同类型的数据能够顺利对接和处理，提高数据的利用效率。

（二）数据去噪与缺失数据处理

数据去噪与缺失数据处理是清洗过程中关键的步骤。数据噪声是指数据中那些无关的、错误的或不一致的信息，这些数据会对后续的分析结果产生负面影响。数据去噪的常用方法包括异常值检测与修正、重复数据的剔除和错误数据的纠正。例如，通过分析学生的学习时间数据，可以识别出异常的学习时长（如过长或过短的学习时间），并进行修正或者剔除这些噪声数据。去除重复数据也是清洗过程中的重要任务，尤其在数据来源多样化的情况下，可能会出现相同记录的重复存储。通过去重技术，可以减少数据冗余，保证分析结果的准确性。

缺失数据处理是数据清洗中的另一大挑战。数据缺失可能出现在数据采集、传输或存储过程中，常见的缺失类型有完全缺失（如某些字段未填写）和部分缺失（如某些数据项为空）。处理缺失数据的方法包括删除缺失值、插值法填充、基于其他相关数据推测缺失值等。例如，学生的某些健康检查数据如果出现缺失，可以使用同一学生其他健康指标的平均值来填补，或者使用类似学生群体的平均值进行插补。选择合适的缺失数据处理方法依赖数据的重要性和缺失程度，合理的处理可以提高数据集的完整性，避免因缺失数据造成分析误差。

（三）数据精度与可信度的提升

数据精度与可信度的提升是保证数据分析结果有效性的关键。在收集数据时，往往会因为多种因素（如测量工具的误差、记录人员的疏忽、数据传输过程中的损失等）导致数据存在误差。提升数据精度是数据清洗的一项重要任务，采集数据时使用标准化的工具和流程，减少人为误差。可以通过验证数据的可靠性，排除明显错误的数据。数据精度的提升还包括使用高精度的计算方法来处理数值数据，如使用更精确的数学模型进行填补和预测，以消除数据的偏差。数据可信度的提升则关注数据的来源和一致性，尤其在多源数据融合的情况下，可能会遇到不同数据源之间的冲突。通过交叉验证、数据比对等方法，可以确保不同来源的数据在处理时的一致性和可信度。例如，学校的学生成绩数据可能来自多种不同的教学评估平台，通过对比和验证这些平台的数据一致性，可以有效提升数据的可信度，避免因数据来源不一致而产生的误导性结论。

通过这些技术手段的应用，数据清洗与整理能够显著提高数据的质量，为后续的数据分析和决策提供可靠的基础。

四、数据整理中的挑战与策略

（一）数据来源的多样性与异构性问题

数据来源的多样性与异构性问题是数据整理中的一个重大挑战。在学生教育管理中，数据可能来自不同的渠道和平台，如电子学习平台、教务管理系统、在线评测工具、学生健康档案、社交平台等。这些数据来源不仅形式多样，而且数据结构、格式、命名规则也可能大相径庭。例如，某些数据可能是结构化的（如成绩数据、作业提交记录），而有些则是非结构化的（如学生的课程评价、在线讨论内容）。如何将来自不同来源、不同类型的数据有效进行整合，成为数据整理中的一大难题。

为了解决这一问题，需要采用统一的数据标准和格式规范，使得不同类型的数据可以在同一平台中进行兼容与处理。可以通过数据中介平台或数据集成工具，进行多源数据的整合。例如，使用 ETL（Extract，Transform，Load）技术，从各个系统中提取数据，将其转换成统一的格式，并加载到一个统一的数据库中。对于异构数据源，利用大数据技术（如 Hadoop，Spark 等）进行分布式处理也是一种常见的策略。这些技术能够帮助学校和教育管理者将不同格式、不同来源的数据进行高效整合，确保数据的可用性和一致性。

（二）数据收集频率与实时性问题

在学生教育管理中，数据的收集频率和实时性直接影响数据分析的效果和决策的时效性。教育数据的收集通常需要覆盖学生学习过程中的多个环节，如课堂参与、作业完成、在线学习进度、课外活动等。如果数据收集的频率过低，可能导致数据滞后，无法及时反映学生的学习动态和行为变化；如果数据收集过于频繁，可能导致数据冗余和分析过度。

解决数据收集频率与实时性问题需要在数据采集与处理过程中找到平衡。一方面，学校应当确保收集数据的及时性，如通过实时监控系统采集学生在学习平台上的互动情况、学习进度等；另一方面，需要设置合理的数据采集频率，以避免信息过载或数据冗余。通过使用智能数据采集工具，如自动化的学习行为监测系统或实时反馈系统，可以确保数据的高效与精准收集。数据的更新机制也应当及时，以便根据最新数据进行分析和决策。

（三）行为数据与学习效果关联度的研究

行为数据与学习效果之间的关联度研究是数据整理中的一个重要研究方向。行为数据（如学生的在线学习时间、作业完成情况、课堂参与度等）与学习效果（如学业成绩、知识掌握情况、能力提升等）之间的关系常常并不直接，且复杂多变。如何从海量的行为数据中提取出与学习效果相关的关键因素，是教育数据分析的一大难题。

为了解决这一问题，首先需要明确哪些行为数据对学习效果具有较高的预测性。例如，课堂参与度和课外学习时间可能与学业成绩呈正相关，而作业提交的及时性和质量可能与知识掌握度密切相关。然后，通过数据挖掘和机器学习等技术手段，探索这些行为数据与学习效果之间的关系。例如，可以使用回归分析、聚类分析等方法，找出哪些学习行为对学业成绩有显著影响，哪些行为对学生的能力提升起到积极作用。通过建立相关模型，教育管理者能够对学生的学习情况进行预测，及时发现潜在的学习问题，为个性化教学和干预提供数据支持。

总之，行为数据与学习效果的关联度研究不仅能够帮助教师更好地理解学生的学习过程，还能为教育管理者提供科学依据，以改进教学方法和优化学生管理策略。

第三节　生活与社交大数据的范畴与价值

一、学生日常生活数据的收集

学生的日常生活数据收集不仅限于学术方面，还包括与其健康、生活习惯、社交活动等密切相关的行为数据。通过对学生日常生活数据的全面收集，学校和教育管理者可以更好地了解学生的生活方式、心理状态和社交行为，从而提供更有针对性的管理与支持。生活数据的采集通常涉及学生的饮食、作息、交通、社交互动等多个方面信息。随着大数据技术的发展，学校可以借助各种智能设备和平台，通过细致的数据采集，全面把握学生的生活和行为模式，为学生的全面发展提供数据支持。

（一）饮食、作息与健康生活方式的数据

饮食、作息和健康生活方式直接影响学生的身体健康和心理状态，这些数据的收集和分析对学校的学生健康管理至关重要。饮食数据通常涉及学生的饮食习惯、餐饮选择、营养摄入等方面的信息。例如，学校可以通过智能餐卡系统，记录学生每餐的餐饮选择、热量摄入等。作息数据包括学生的睡眠时长、作息规律、每天的起床和就寝时间等。这些数据通过学生的健康管理平台或者智能手环等设备收集，可以帮助学校了解学生的作息是否规律，以及是否存在睡眠质量差、熬夜等不良习惯。健康生活方式的数据还包括学生的体育锻炼情况、健康体检数据等。通过这些数据，学校可以及时发现学生的健康问题，如不良饮食习惯、缺乏运动、作息不规律等，从而为学生提供健康干预和指导，帮助学生养成健康的生活方式。

（二）校园出入与交通方式的数据

学生在校园内外的出入记录和交通方式的数据也是生活大数据的重要组成部分。这些数据不仅反映了学生的出行习惯，还能提供关于学生校园生活和社会活动的有价值信息。校园出入数据通常通过电子门禁系统、刷卡记录、校园定位系统等方式收集。这些数据能够显示学生的到校时间、离校时间、是否按时到校等，帮助学校了解学生的作息规律和校内外活动的安排。交通方式数据则涉及学生通勤时的交通方式，如步行、骑行、乘坐公共交通、私家车等。通过对交通方式数据的分析，学校可以发现学生的出行习惯和所面临的交通问题。例如，如果某些学生频繁使用公共交通工具，可能意味着他们在住宿、上学路程上面临时间压力，学校可以据此提供更有针对性的帮助和政策。这些数据还能够为学校规划校园交通、改善基础设施、提升安全保障提供参考依据。

（三）生活环境与宿舍生活的数据采集

学生的生活环境，尤其是宿舍生活，是其日常生活数据中的重要组成部分。宿舍是学生学习、休息和社交的主要场所，宿舍生活数据能够反映出学生的生活质量和社交互动状况。生活环境数据包括宿舍的设施状况、宿舍分配、环境舒适度等方面的内容。学校可以通过宿舍管理系统收集宿舍的温度、湿度、照明等环境参数的数据，了解宿舍的舒适度和学生的生活需求。宿舍生活数据还包括学生与室友之间的关系、日常活动情况、宿舍内的社交互动等。通过对这些数据的收集，学校能够了解学生的社交圈和日常互动，发现可能的社交问题（如隔阂、冲突等），从而提前介入和调解。

通过这些生活数据的全面收集和分析，学校不仅可以帮助学生解决健康、社交等方面的问题，还能优化学校的管理政策，提升学生的整体生活质量。数据的应用不仅限于健康干预和生活管理，还能为学校提供关于学生行为模式、需求和趋势的深入洞察，为更有针对性的学生服务提供依据。

二、社交网络与情感数据的整合

（一）社交媒体使用情况与行为数据

社交媒体的使用情况和行为数据是现代学生日常生活中不可忽视的组成

部分，尤其是在大数据时代，社交媒体已成为学生获取信息、表达情感、交流思想的重要渠道。通过分析学生在社交媒体上的活动，教育管理者可以深入了解学生的兴趣爱好、社交圈层、情感波动等信息。社交媒体使用行为数据通常包括学生的活跃度、使用频率、在线时长、参与的群组、发布内容的类型等。例如，学生在平台上的发帖频率、评论互动、点赞行为等都能反映出他们的社交态度和参与程度。如果学生频繁使用与特定话题或群体相关的社交媒体，这可能揭示他们对这一话题的兴趣或对特定社交群体的归属感。除此之外，学生使用社交媒体的时段、互动方式也能反映出其生活习惯和情感变化。通过对这些行为数据的分析，学校能够更好地理解学生的情感需求和社交状态，并根据这些信息提供相应的心理健康支持或社交干预。

（二）社交互动模式与关系网络分析

社交互动模式和关系网络分析则更深层次地挖掘学生在社交媒体上以及在日常生活中的人际关系网络。学生的社交互动模式不仅涉及他们与朋友、同学、家人之间的互动，还包括他们与教师、学校管理者等的交流方式。通过数据分析，可以描绘出学生的社交圈层，识别他们的核心社交群体和边缘关系。例如，通过社交平台的数据，学校可以了解学生在学习小组、兴趣小组中的角色，是否存在孤立或互动过少的情况。社交网络分析通常使用图论和网络分析方法，构建学生的关系网络，识别学生社交圈中的关键节点和次级节点，进一步揭示学生的社交健康状况。学校可以通过这些分析结果，帮助学生发展更健康的社交关系，发现可能存在的社交孤立现象，及时进行干预。

社交互动模式分析不仅限于社交媒体，也可以通过线下活动的数据，如学生在课外活动、社团组织中的参与情况，进一步了解他们的社交行为。通过全方位的社交网络分析，学校能够更好地识别学生在校园内的社交动态，并优化社交支持策略，鼓励学生建立多元化和健康的社交关系，避免因社交孤立导致的心理问题。

（三）情感与心理健康的数据监测

情感与心理健康的数据监测是社交网络与情感数据整合中的重要方面。学生的情感状态和心理健康直接影响其学业表现、生活质量和人际关系。通过情感数据的监测，学校可以实时跟踪学生的情感波动和心理健康状况，为学生提供个性化的心理支持。情感数据可以通过学生在社交媒体上的内容分析、情感识别技术（如文本情感分析）、心理健康测评工具等方式进行收集。学生在社交平台上的语言使用、情感表达、互动频次等，都能够反映出他们的心理状态。例如，学生在社交媒体上表达的负面情绪（如焦虑、抑郁、愤怒等）频率较高，可能意味着他们存在心理压力或情感问题，学校可以通过这些数据识别高风险学生，及时进行干预。

情感与心理健康的监测不仅限于在线社交行为，还可以通过定期的心理健康评估、情感日志记录等方式进行。通过整合学生的情感数据，学校能够更全面地掌握学生的情感动态，为心理辅导和危机干预提供数据支持。结合情感数据与学生的学业、社交等其他行为数据，学校还可以识别学生情感波动与学习成绩、社交互动等方面的潜在关联，为教育管理和个性化辅导提供更为精准的依据。

通过社交网络与情感数据的整合，学校不仅能够更好地理解学生的社交行为、情感需求和心理状态，还能为学生提供更精准、更及时的心理健康服务，改善学生的学习与生活质量。

三、生活与社交数据在教育管理中的应用

（一）学生情感与心理状态的预警与干预

学生的情感和心理状态直接影响其学习效果、社交行为及整体生活质量，利用生活与社交数据进行学生情感与心理状态的预警与干预是教育管理中的一项重要应用。通过收集和分析学生在社交平台上的行为数据、情感表达、社交互动频率等信息，教育管理者能够及时发现学生的情感波动与心理健康

问题。例如，学生频繁发布带有负面情绪的内容或在社交平台上表现出社交孤立，可能是心理健康出现问题的信号。学校可以结合定期的心理健康评估和行为数据监测，使用情感分析技术识别学生的情绪变化趋势。一旦发现学生情感或心理状态的异常波动，如长期的焦虑、抑郁或情绪低落，教育工作者可以及时进行心理干预，提供心理辅导和心理健康支持，避免问题进一步恶化。

在这一过程中，大数据技术和 AI 在情感识别和心理健康分析中的应用起到了关键作用。例如，通过自然语言处理技术，学校可以自动分析学生在社交媒体上的语言内容，识别潜在的情感问题，从而为心理辅导提供及时反馈。这种数据驱动的预警机制不仅能帮助学校及时发现有心理问题的学生，还能根据学生的情感特征制定个性化的干预策略，提供更精确的心理健康管理。

（二）社交互动的影响因素与管理策略

社交互动在学生的心理发展和学业进步中扮演着重要角色。社交互动的质量和频率对学生的情感健康、学习动力以及人际关系都产生深远影响。通过对学生的社交行为数据进行分析，教育管理者能够深入了解影响学生社交互动的因素，并据此制订有效的管理策略。例如，学校可以分析学生在学习小组、课外活动、社交平台上的参与情况，评估他们在不同社交场合中的互动质量。某些学生可能由于社交障碍或情感困扰而表现出社交孤立，或者公共活动参与度较低。通过这些数据分析，学校可以发现哪些学生可能需要社交技能培训、情感支持或人际关系的辅导。

学校还可以分析不同类型的社交互动对学生心理健康和学业表现的影响。例如，学生在学术讨论中的互动和合作可能会增强其自信心，而参与课外活动或兴趣小组则可能有助于改善社交技巧和情感认同感。学校可以根据这些分析结果，鼓励学生参与多样化的社交活动，帮助他们建立健康的社交网络，并提供适当的社交技能培训。社交互动的数据还可以用于优化学校社交环境的设计，创造更多有助于学生健康互动的场所和活动。

（三）生活质量与学习效果的关联性分析

学生的生活质量与其学业成绩、学习效果之间存在着密切的关联。通过对学生生活数据的全面收集和分析，学校可以更好地了解学生的生活习惯、健康状况、社交模式等对学习效果的影响。学生的饮食、作息、运动习惯、心理健康、社交互动等因素都可能对其学习表现产生直接或间接的影响。例如，作息不规律或长期缺乏运动的学生，可能会出现注意力不集中、学习效率低下等问题。社交孤立或情感困扰，也可能影响学生的课堂表现和团队合作能力。

通过分析生活质量与学习效果之间的关系，学校可以从多方面入手，提高学生的整体生活质量，从而促进其学业成功。例如，学校可以通过定期的健康检查、作息监控等手段，及时发现学生可能存在的健康问题，并为其提供干预措施。学校还可以通过社交网络分析，识别出那些社交孤立的学生，并为他们提供更多的社交支持和心理辅导。通过提高学生的生活质量，改善其身体健康、情感状态和社交环境，学校可以有效提升学生的学习动力、注意力和综合能力，从而促进自身学业发展。

生活与社交数据的整合与应用能够为教育管理提供更全面的视角和数据支持。通过对情感与心理状态的预警与干预、社交互动的影响因素分析以及生活质量与学习效果的关联性分析，教育管理者能够为学生提供更有针对性的支持，提升其学习效果和整体福祉。这些数据驱动的策略和管理手段，也有助于构建更加健康、和谐的教育环境。

第四节 教育管理大数据标准的制定

一、教育管理数据标准的定义与意义

教育管理数据标准是指在教育管理过程中，用于规范数据采集、处理、

存储、传输和使用的一系列统一规范和要求。这些标准为数据的互操作性、准确性和一致性提供了保障，确保不同教育机构、部门或系统之间能够无障碍地交换和共享数据。在大数据时代，教育管理数据标准不仅仅是为了规范数据格式或类型的统一，还涉及如何利用这些数据更好地进行分析、预测和决策。

教育管理数据标准的意义在于它能够为教育管理提供一个共同的数据语言，使得不同层级的教育管理者和技术人员能够高效协作。通过统一的数据标准，教育管理系统能够无缝连接，消除数据孤岛和信息壁垒，提升数据的流通性和可用性。数据标准化还能降低数据质量问题，如冗余数据、不一致数据、错误数据等，从而为教育决策提供更可靠的依据。

（一）数据标准化在教育管理中的必要性

数据标准化在教育管理中的必要性体现在多个方面。教育管理涉及众多的数据来源和数据类型，包括学生基本信息、学业成绩、心理健康、社交行为、生活质量等各个层面的数据。这些数据可能来自不同的教育系统、平台、设备等，格式和结构各不相同。如果没有统一的标准，这些数据将无法有效整合，导致信息孤岛的出现，降低数据利用价值。数据标准化能够确保不同平台和系统之间的数据可以兼容和互通，解决跨平台、跨系统的数据共享难题。

教育管理需要对大量数据进行实时分析和处理，这要求数据不仅要结构化、清晰，还要具有高度的一致性和可追溯性。数据标准化能够确保各类数据的统一性，避免因格式不一致而导致的数据处理错误或偏差，从而提升数据分析的精度和效率。数据标准化还可以提高数据质量，减少人为因素导致的错误和遗漏。

随着大数据技术的应用，教育管理的数据量呈指数级增长。没有数据标准，管理者可能难以从海量的数据中提取有价值的信息，从而影响决策的准确性和及时性。通过建立健全的标准化体系，教育管理者能够高效地管理和利用这些大数据，优化教育资源配置，提升管理水平。

（二）标准化数据对教育管理效能的提升

标准化数据对于教育管理效能的提升具有重要作用。通过统一的数据标准，教育管理部门可以更加高效地整合和分析来自不同渠道的数据。这种全局性的分析能够帮助教育管理者及时发现学生的学业发展趋势、心理健康状况、行为变化等，进而采取相应的干预措施，优化教育决策。标准化数据使得各类数据之间能够互相对接，形成统一的数据流动，打破信息壁垒，推动教育管理效能的提升。

标准化的数据能够为教育管理提供实时、精准的信息支持。例如，通过统一的学业成绩和学习行为数据标准，学校可以更轻松地评估学生的学业表现，为个性化教学和学生发展提供精准支持。标准化数据还可以帮助学校进行趋势分析和预测，及时识别教育过程中可能出现的问题，如学业偏差、行为问题、心理健康隐患等，从而实施有效的干预措施。

标准化数据能够促进教育资源的合理配置。通过统一的标准，教育资源的分配能够依据准确的学生数据，确保资源的公平、科学分配。例如，在进行校园设施规划或教学资源配置时，标准化的数据可以让管理者及时了解学生的实际需求和偏好等情况，确保资源使用的最大效益。

（三）大数据标准制定的挑战与前景

大数据标准制定在教育管理中面临诸多挑战。教育管理中的数据来源复杂多样，涵盖了学生信息、学业成绩、健康数据、社交行为、心理健康等多个领域，每个领域的数据结构、采集方式、存储形式等都可能不同。制定一个统一且能覆盖所有数据类型的大数据标准，既涉及技术层面的挑战，又需要各方的共识与协调。

教育管理大数据的标准化工作面临技术实现的难题。现有的大数据平台、数据处理工具和数据存储系统，往往需要在统一标准下进行升级和改造，而不同教育系统间的技术差异会增加标准化实施的难度。例如，一些老旧系统可能无法完全支持新制定的标准，这就要求在大数据标准的制定中，不仅要考虑到现有技术的兼容性，还要确保标准具有前瞻性，能够适应未来技术的发展和需求变化。

数据隐私和安全也是大数据标准制定中不可忽视的问题。教育管理中涉及大量学生的个人信息和敏感数据，如何在数据标准化的过程中保护学生隐私，避免数据泄露，确保数据安全，是大数据标准制定中的一个重大挑战。这需要在标准中加入隐私保护和数据安全的相关条款，确保数据在共享和使用过程中的合规性。

尽管存在这些挑战，但大数据标准制定的前景仍然广阔。随着技术的进步和教育信息化水平的提升，教育管理数据标准的制定和应用将成为未来教育管理的必然趋势。通过统一的标准，教育管理者不仅可以更高效地进行数据分析和决策支持，还能够促进教育领域的大规模信息共享和资源优化配置。随着大数据技术、人工智能和机器学习的不断发展，教育管理的数据标准将更加精细化、智能化，能够为教育决策提供更精准、实时的支持，推动教育现代化进程。

二、教育管理数据采集标准

（一）数据类型与格式的标准化

数据类型与格式的标准化是教育管理数据采集标准的核心组成部分。不同类型的数据在教育管理中扮演着不同的角色，包括学生基本信息、学业成绩、行为数据、心理健康评估等。为了确保数据在不同系统和平台之间的兼容性与互操作性，必须对这些数据进行标准化管理。

数据类型的标准化要求明确每种数据的性质和类别。例如，学生的姓名、性别、出生日期等属于个人身份信息，学业成绩、考试成绩等属于学科成绩数据，行为数据则可能涉及学生的课堂参与、作业提交情况等。每种数据都有其特定的格式和结构，教育管理系统需要明确这些数据的字段定义和内容限制，以避免在数据采集和处理过程中产生歧义或错误。

数据格式的标准化则要求统一不同数据类型的存储格式。例如，学业成绩数据可以采用百分制、等级制或其他标准化的评分系统，不同类型的评分系统需要规范为统一格式，以确保数据的一致性和可比性。学生的出生日期应统一采用日期格式（如 yyyy-mm-dd），地址信息则可能需要统一采用特定的字段结构（如省、市、县），避免出现不同数据源使用不同格式的问题。

数据格式标准化不仅有助于数据的统一管理，还为数据共享、数据分析和大数据应用提供了便利条件。教育管理系统需要通过数据格式的标准化，确保数据的一致性、可复用性和可扩展性，从而为后续的数据处理和分析提供高效支持。

（二）数据采集时间、频次与精度标准

数据采集的时间、频次与精度标准是确保教育管理数据能够反映学生的真实情况并进行有效分析的重要保障。教育管理中的数据不仅需要准确，还需要具备时效性和完整性。明确采集时间、频次和精度是至关重要的。

数据采集时间标准化要求明确各类数据的收集时间点或周期。例如，学生的学业成绩数据通常需要在每次考试后及时采集并更新，而学生的日常行为数据（如作业提交、课堂表现）可以进行实时记录或按学期/学年周期采集。对于心理健康评估数据，可能需要在学期初、中、末分别进行一次评估，并根据需求进行额外的跟踪和干预。

数据采集频次标准化则要求确定数据的采集频率，以确保数据的全面性和时效性。例如，学生的出勤数据可能需要每日采集，而健康体检数据一般是每学期一次。某些行为数据可能需要实时采集，如学生在课外活动中的参与情况或课堂互动情况，以便及时了解学生的学习状态和行为变化。

数据采集精度标准则确保数据在采集过程中的准确性和一致性。例如，学生成绩的记录需要保证分数精确到小数点后几位，而学生行为数据中的时间戳需要精确到分钟级，避免因为数据精度不够而影响后续的分析结果。精度标准还应涉及数据的完整性，避免遗漏或错误记录。

（三）跨平台数据共享与互通标准

跨平台数据共享与互通标准是实现不同教育管理系统之间数据融合和联动的关键。现代教育管理系统往往涉及多个平台和系统，包括学籍管理系统、成绩管理系统、心理健康监测系统、行为管理系统等，这些系统之间的数据需要有效共享和互通，才能实现数据的集中管理与分析。

跨平台数据共享与互通标准化要求统一不同系统之间的数据传输协议和数据格式，以确保数据能够无障碍地流通。各类平台需要采用标准化的接口（如 API）进行数据交换，确保数据在不同平台之间传输时不会发生格式转换错误或丢失信息。数据共享和互通标准还涉及数据的安全性和隐私保护，特别是学生的个人信息和敏感数据。在数据共享过程中，必须确保数据的加密和权限控制，以防止数据泄露和被滥用。

跨平台数据共享标准还要求系统间的互操作性，即不同平台之间能够理解并有效利用对方的数据。例如，学业成绩数据可以在成绩管理系统中进行处理，但它也可能需要传输到学生信息管理系统或心理健康管理系统中，以帮助教育管理者全面评估学生的综合表现。在这一过程中，数据共享标准确保数据能够在不同系统中得到准确解读和使用。

三、教育管理数据处理与存储标准

（一）数据清洗、存储与访问的统一标准

数据清洗、存储与访问是确保教育管理数据质量、效率和安全性的关键环节。数据清洗旨在消除原始数据中的错误、重复、空值或不一致信息，以确保数据的准确性和完整性。在教育管理中，数据源往往复杂且多样化，来自不同的系统和平台，数据清洗标准尤为重要。统一的清洗标准可以确保数据在采集后，能够被统一格式化、去掉冗余部分、修正错误并填补缺失值，从而保证数据的质量。这包括数据类型的规范、异常数据的识别和处理、重

复数据的去除。

存储标准则要求确保数据以安全、高效的方式存储，保证数据的完整性和高可用性。教育管理中的数据量庞大且种类繁多，存储系统必须能够处理大规模的数据存储和检索。为了优化存储效率，存储系统应采用分布式存储架构、云存储服务等技术，以确保数据的高可扩展性、快速访问和备份恢复。存储标准还应规定数据的生命周期管理，明确数据的存储期限、归档规则以及销毁处理流程，确保数据的合规性和安全性。

数据访问的统一标准则要求对教育管理中的数据访问进行统一处理，包括数据访问权限、访问频率、访问方式等方面。只有被授权的人员和系统才能访问特定的数据，确保数据的安全性。数据访问标准需要为教育管理者提供清晰的访问路径，并能够根据不同的数据类型和用户需求提供灵活的访问方式。对于不同级别的用户，数据访问标准应明确哪些数据可以公开访问，哪些需要权限控制。

（二）数据管理的安全性与隐私保护标准

教育管理中的数据安全性与隐私保护是至关重要的，尤其是涉及学生个人信息、学业成绩、心理健康等敏感数据。为了确保数据的安全性，必须建立严格的数据安全管理标准。这些标准应包括数据的加密技术、访问控制、备份与恢复、漏洞修复等方面的要求。数据在存储和传输过程中必须进行加密，采用最新的加密算法，如 AES 加密、SSL/TLS 协议等，确保数据在传输和存储时不被窃取或篡改。数据访问权限应根据用户角色和权限进行严格划分，并结合多因素身份验证机制，防止未经授权的人员访问敏感数据。

隐私保护标准则要求对学生的个人信息进行特别保护，确保其在采集、处理、存储和使用过程中符合相关法律法规，如《个人信息保护法》《数据安全法》等。在数据采集和处理过程中，学校需要明确告知学生其数据的采集目的、使用范围和隐私政策，并征得学生或监护人的同意。数据的使用仅限于教育管理目的，未经授权不得用于其他商业或非教育目的。学校还应在数据存储和使用过程中采取数据匿名化、去标识化等技术，避免学生个人信息泄露。

隐私保护还要求在数据共享和交换时对数据进行严格的匿名化处理。教育管理部门与其他组织或平台共享数据时，必须确保敏感数据得到脱敏处理，并通过协议和技术手段确保数据交换过程中的安全性。

（三）大数据管理平台的技术规范

大数据管理平台是教育管理中实现数据处理、存储和分析的核心技术架构。为了确保大数据平台的稳定性、可靠性和扩展性，需要制定一系列技术规范。这些规范涵盖了平台的架构设计、数据处理流程、系统性能、数据流管理等方面。

平台架构规范要求采用分布式架构，以应对大规模数据的存储、处理和分析需求。分布式架构能够有效提升系统的扩展性和容错性，确保系统在数据量不断增加时仍然能够稳定运行。平台还应支持云计算和边缘计算等技术，以提高数据处理的效率和实时性。

数据处理流程规范要求在大数据管理平台中，所有的数据采集、清洗、存储、分析、展示等环节都需遵循一定的标准流程，以确保数据处理的一致性和高效性。例如，在数据清洗阶段，需要制定数据的清洗规则和步骤，确保所有数据在存储之前都经过严格验证和标准化处理。数据分析流程中，需要设定明确的数据分析模型、算法以及评估标准，以确保数据分析结果的可靠性和准确性。

系统性能规范要求大数据平台具备高效的性能，能够支持快速的数据处理和查询。为了提高平台的响应速度，系统需要支持数据分区、并行处理等技术，并能够根据不同的查询请求动态调整资源配置。平台还需提供灵活的查询语言和可视化工具，方便教育管理人员进行数据分析与决策。

数据流管理规范要求大数据平台能够有效管理数据的流动，包括数据的输入、输出、存储、分析和反馈等环节。数据流管理需要确保数据在整个生命周期中的流转高效、有序，并能够支持实时数据流的处理，以满足教育管理的动态需求。平台还应具备强大的数据监控能力，能够实时追踪数据流动的状态，及时发现和解决数据处理中的问题。

四、教育管理数据使用与应用标准

（一）数据分析方法与模型的标准化处理

在教育管理中，数据分析是一个至关重要的环节，它为教育决策提供了科学依据。为了确保数据分析结果的可靠性和有效性，必须对数据分析方法与模型进行标准化处理，这要求制定统一的分析流程、工具和方法，确保分析过程的可重复性和可比性。

数据分析方法的标准化处理包括明确各种数据分析方法的适用场景和技术规范。例如，对于学业成绩数据，可以使用描述性统计方法（如均值、标准差）来概括学生的整体表现；对于行为数据，可能需要采用聚类分析或回归分析，探索学生行为与学业成绩、心理健康等的关系。各类分析方法需根据数据的性质和分析目标来选择，并且要求方法的应用过程符合一定的技术规范，如数据预处理、假设检验、模型评估等。

数据分析模型的标准化处理要求使用经过验证、可靠的分析模型，并根据不同的分析需求进行调整。例如，预测模型可以采用机器学习算法（如支持向量机、决策树、神经网络等），而描述性分析可以使用传统的统计方法。模型标准化处理还包括模型评估标准，必须设定评估指标（如准确率、召回率、F1 值等），以确保模型的有效性和可解释性。模型选择和参数设置的标准化也能够提升数据分析的效率和一致性，避免因不同人员使用不同模型而导致的结果差异。

数据分析结果的标准化处理也十分重要。所有分析结果应统一报告格式，包括图表、数据摘要、结论等，并对结果的解释和使用做出明确规定。这样可以确保教育管理者在决策过程中能够清晰理解分析结果，从而做出合理的决策。

（二）数据可视化与展示标准

数据可视化是将复杂数据转化为图形化信息的过程，它能够帮助教育管理人员快速理解数据中的关键趋势和模式。在教育管理中，数据可视化的标准化尤为重要，因为它能提高数据的可读性和决策支持能力，促进教育管理信息的共享与传递。

数据可视化与展示标准要求确定可视化的类型、样式、色彩方案、图表布局等方面的统一规范。例如，学业成绩的可视化可采用柱状图、折线图等，以展示不同班级或不同时间节点的成绩变化；学生行为数据可使用散点图或热力图，展示学生在各项活动中的参与情况和成绩波动。标准化的图表和布局能够确保可视化结果的统一性，避免过度装饰或过度简化，使教育管理者能够迅速获取有效信息。

色彩的使用也是可视化标准化的一部分。不同的数据类别应使用不同的颜色进行区分，确保图表清晰、易读，并符合视力障碍等用户需求。所有图表应包含必要的图例、标题、标签、单位等信息，以确保数据的含义明确，便于观众正确解读。

展示标准则要求教育数据的呈现方式要适应不同的展示平台。例如，在数字化教育管理平台上展示数据时，图表应根据不同屏幕大小进行自适应调整；而在打印报告中，图表和数据则应设计为便于阅读和打印的格式。展示标准还要求数据可视化应该具有交互性，允许用户自定义图表的维度、指标和时间范围，以便对数据进行深度分析和个性化查看。

（三）教育决策过程中的数据利用标准

数据利用标准是在教育决策过程中有效使用大数据的规则和方法。教育管理者通过数据分析和数据可视化获取的信息，必须经过规范化的处理和应用，才能为决策提供真实、全面的依据。教育决策过程中的数据利用标准需要明确数据的选择、分析、应用方式和决策模型。

数据选择标准要求在决策过程中合理选择数据。教育管理者需根据具体的决策目标，选择与目标相关的数据。例如，如果决策涉及学生的学业成绩提升，可以选择学业成绩数据、学习行为数据和课堂参与数据；如果是关于学生心理健康的决策，则需要选择心理健康评估数据、情感数据等。选择标准确保了数据的相关性，避免无关数据干扰决策过程。

数据分析标准在决策过程中提供了明确的分析框架。教育管理者应依赖已标准化的分析方法和模型，确保数据分析结果的可信度和准确性。对于大规模数据分析，决策者需选择合适的统计模型和机器学习算法，以评估各个因素对教育结果的影响，确保决策结果具备一定的科学性和可预测性。

数据应用标准则要求确保数据分析结果的应用过程合规且高效。教育管理者应根据分析结果，制订可行的行动方案，并在方案执行过程中根据实时数据反馈进行调整。例如，如果学业成绩数据分析结果表明某一学生群体的成绩存在明显波动，教育管理者可以根据这一信息实施有针对性的干预措施，如加强辅导或调整教学内容。数据应用标准还要求在决策过程中对数据结果进行多维度评估，避免仅依据单一指标做出决策，确保决策的科学性。

决策模型标准化要求建立统一的决策框架，以支持数据驱动的决策过程。教育管理者应借助标准化的决策模型，将分析结果转化为具体的管理策略。决策模型的标准化能够确保决策的透明度、一致性，并为不同层级的管理者提供可操作的决策依据。

第三章　基于大数据的学生个性化教育

第一节　学生学习风格与能力的大数据分析

一、学生学习风格的分类与分析方法

（一）视觉、听觉与动觉学习风格的识别

学习风格是指学生偏好的学习方式或处理信息的方式。根据不同的学习风格理论，学习者的偏好可以分为视觉、听觉和动觉三种主要类型。每种学习风格有其特定的学习特点和偏好，通过大数据技术可以更加精准地识别学生的学习风格。

视觉学习者倾向于通过观看图表、图像、视频等视觉信息来学习。他们通常对图形、颜色、文字布局等形式的信息反应敏感，且通过观察视觉呈现的内容更容易理解和记忆。例如，教师在教学中使用的图表、示意图和视频教学资源对视觉型学习者尤为有效。

听觉学习者则更倾向于通过听讲解、讨论和语音信息来学习。这些学生在听到音频或讲解时能够更好地吸收信息，因此在教育过程中，通过语言表达、讲座、录音等方式传授知识能够增强他们的学习效果。对于听觉型学习者，强调语言和音频信息，甚至使用音乐和节奏进行教学会更加有效。

动觉学习者（或称为动作型学习者）则倾向于通过身体运动、实践操作

和亲身体验来学习。他们更愿意通过做实验、参与实践活动等方式来加深对学习内容的理解。这类学习者喜欢互动、动手操作，通常在实际演练中表现更好。

大数据技术可以通过分析学生在不同学习环境中的行为数据，识别出他们的主要学习风格。例如，通过学生的互动记录、课堂参与情况、作业提交方式等数据，可以反映出学生在课堂中的表现，从而推测出他们的学习风格。结合传感器数据（如在课堂上使用动作捕捉技术）和学习平台的互动记录，进一步提升学习风格的识别精准度。

（二）认知风格与学习偏好的评估

认知风格与学习偏好是与学生的思维方式、信息处理方式和如何在学习中解决问题等相关的深层次特征。认知风格包括多种维度，如系统型与非系统型、抽象型与具体型等。

大数据技术可以通过对学生在处理复杂问题时的行为数据进行分析，来识别其认知风格。例如，在线学习平台记录的学生答题过程和解题时间，能够揭示学生是如何分析问题的；对于喜欢分步解题的学生，可以推测其为分析型认知风格；而对于整体把握问题的学生，可以推测其为全球型认知风格。通过分析这些行为数据，教育者能够更好地了解学生的认知偏好，从而为其提供更加个性化的学习材料和策略。

学习偏好的评估则侧重学生在不同教学环境中对学习方式的选择。学生可能偏好某种教学方法，如通过视频学习、阅读教材、参与小组讨论或进行实验活动等。通过对学生在线学习平台的互动数据进行大数据分析，可以识别学生在不同学习场景下的偏好，进而为其推荐适合的学习资源和活动。这种评估能够帮助教育者了解学生的兴趣和需求，从而提高学习动力和效果。

（三）基于大数据的个性化学习风格诊断

基于大数据的个性化学习风格诊断是一种通过对大量学生学习数据进行全面分析，识别学生特征和个性化需求的方法。通过整合来自不同学习活动、平台和传感器的数据，教育管理者能够深入了解学生的学习风格、认知风格及其偏好。

个性化学习风格诊断可以通过分析学生在学习过程中的行为模式来进行。例如，学习平台可以记录学生每次学习的时长、学习频率、参与度、互动方式等信息。这些数据可以帮助分析学生对不同类型资源的兴趣，如是否更倾向于使用文本资料、视频内容或交互式任务。这种诊断可以帮助教育者识别学生的学习偏好，从而提供定制化的学习内容和方法。

通过学生的作业提交情况、考试表现、课堂互动等数据，能够分析出学生在学习中的认知模式和思维方式。例如，通过分析学生在数学解题过程中的策略和步骤，可以判断其是否倾向于分析型或全球型的思维方式。通过对这些行为数据的长期跟踪和分析，可以在学生的学习生涯中实时调整其学习路径和方式。

个性化学习风格诊断还可以通过 AI 技术进行深化。AI 可以通过机器学习算法，分析学生的大量数据，预测其学习风格，并根据其特点推荐相应的学习资源和方法。例如，AI 可以通过学习记录、学生反馈和学习成效，持续优化推荐算法，为学生量身定制个性化学习计划。

二、学生能力的多维度分析

（一）学科能力与综合能力的评价

学科能力是学生在特定学科领域内的知识掌握程度与技能运用能力，综合能力则强调学生在多个学科领域之间的整合与跨学科能力。依据传统方法，学科能力主要通过成绩来评估，但这只是学生能力的一部分。在大数据的帮助下，可以通过多个维度对学生的学科能力进行评估。例如，学生在课堂上的参与情况、课后作业的完成质量、在线学习平台的互动频率等都能够反映出学生在学科知识掌握方面的深度与广度。综合能力则包括学生解决实际问题的能力、团队合作能力和跨学科的创新能力，这些能力通常通过跨学科的项目、团队合作任务、社会实践等活动中的表现来进行评估。大数据技术可以分析这些活动中的行为数据，帮助教师全面了解学生的综合能力水平，为其提供个性化的辅导与指导。

（二）思维能力与创造力的分析

思维能力是指学生进行逻辑推理、问题解决和决策的能力，创造力则是学生能够提出新颖想法并付诸实践的能力。在传统教育中，思维能力和创造力通常是通过课堂表现和特定活动的创意成果来评估，但这种评估方式缺乏全面性和准确性。借助大数据分析，教育者可以从学生的学习轨迹、解题过程、开放性问题的处理方式等方面分析他们的思维能力。通过对学生在不同任务中的策略选择、思维方式、错误类型的分析，可以识别学生在思维层面上的优势与不足。创造力可以通过学生在艺术、写作、科研等领域的创新性表现来评估。大数据分析可以通过量化学生在创作中的独特性、创新性解决方案的频次与质量等数据，帮助教师发现学生的创造性潜力并进行有针对性的培养。

（三）学习习惯与自我管理能力的评估

学习习惯和自我管理能力对于学生的长期学术表现与成长至关重要。良好的学习习惯能够提高学习效率，而自我管理能力则帮助学生有效地调节自己的学习节奏、调整学习方法并设定明确的学习目标。大数据技术可以追踪学生的学习行为，包括在线学习平台上的学习时长、学习内容的选择、任务完成的时效性等，进而分析学生的学习习惯。例如，学生是否有规律地安排学习时间，是否注重复习和预习，是否有良好的时间管理习惯等，都能通过数据化手段进行有效评估。学生的自我管理能力也可以通过作业完成的质量、时间分配、学业规划等行为数据来进行评估。大数据分析能够帮助教育者识别学生在学习习惯与自我管理方面的强项与薄弱环节，并提供个性化的干预措施，从而促进学生全面发展。

三、学习风格与能力分析在教育中的应用

（一）优化课堂教学策略与互动设计

学习风格与能力分析有助于优化课堂教学策略与互动设计。在课堂上，教师可以根据学生的不同学习需求调整教学方法。例如，对于具有不同认知风格的学生，可以在教学中使用多种教学手段，如图文并茂的讲解、互动讨论、案例分析等，从而最大化地激发学生的学习兴趣与参与度。课堂互动设计也可以根据学生的学习风格进行差异化调整。大数据分析可以帮助教师实时评估学生的课堂表现，包括参与度、注意力集中度、问题解决能力等，进而调整教学节奏和互动形式。例如，教师可以通过提问、讨论、分组合作等方式促进学生与教学内容的深度互动，从而提升课堂效果。

（二）促进学生自主学习与成长

学习风格与能力分析不仅可以帮助教师进行个性化的教学设计，也能够促进学生的自主学习与成长。通过了解自己的学习风格，学生能够更加清晰地认识到自己在学习中的优势与劣势，从而形成更为自主的学习策略。例如，学生可以根据自己的学习偏好选择适合的学习材料，规划学习时间，设定个人目标。大数据平台可以为学生提供实时的反馈，帮助他们了解自己的学习进展，并根据分析结果提出进一步的学习建议。学生还可以利用在线平台进行自主学习，通过灵活的学习资源和互动活动促进思维能力与创新能力的发展。通过不断优化自我管理，学生能够自主地调整学习方法，克服学习障碍，实现个人成长。

第二节 个性化学习方案的制订与实施

一、个性化教育的理论基础与实践背景

（一）个性化教育的核心理念与目标

个性化教育的核心理念是依据每个学生的独特需求、兴趣、学习方式和能力来制订教育方案，从而最大限度地激发学生的潜能。这种教育理念强调学生为教学的中心，关注每个学生在学业发展、情感成长和社会技能等方面的个性化需求。个性化教育的目标不仅仅是让学生获得学科知识，更重要的是帮助学生建立自信、培养自主学习能力、激发创新潜力，并且为学生的长期成长奠定基础。在数字化时代，通过技术手段对学生的学习风格、进度和能力进行精准分析，使个性化教育成为可能，能够在满足学科要求的基础上，充分尊重学生的个性差异，促进学生的全面发展。

（二）大数据支持下的个性化学习路径设计

大数据的应用为个性化学习路径的设计提供了强有力的支持。通过对学生行为、成绩、学习习惯、兴趣等数据的深入分析，教育者能够为每个学生量身定制最适合其个人特点的学习路径。这些路径不仅包括学科内容的学习进度安排，还涉及学习方式的选择与资源的推荐。例如，对于基础较弱的学生，可以根据数据分析推荐更多的基础课程和辅导资源；而对于学有余力的学生，可以提供更具挑战性的学习内容和项目，帮助他们深入拓展知识面。大数据技术还可以实时监控学生的学习表现，及时调整学习路径，确保学生始终处于最适合自己的学习状态，实现最佳的学习效果。

（三）学生自主选择与个性化目标设定

学生在个性化学习方案中的自主选择和目标设定至关重要。让学生参与到学习路径和目标的制订过程中，能够激发学生的自主学习意识和责任感。

学生可以根据自身的兴趣、职业规划和学习需求选择不同的学习方向和内容，设定个性化的学习目标。这种目标设定不仅包括学术目标，还可以包括情感、行为和社会技能等方面的目标。大数据平台可以帮助学生清晰地了解自己的学习进展，并为他们提供数据支持，帮助其在过程中不断调整和完善目标。例如，平台可以提供有关学习进度、能力提升、时间管理等方面的反馈，让学生能够实时了解自己的学习效果，进而优化学习策略。通过这种个性化、学生主导的学习方式，学生的学习兴趣和自主性得到了最大程度的提升，进而促进了他们的长期学术成功和个人成长。

二、个性化学习方案的设计与制订

（一）学习需求分析与数据支持

个性化学习方案的设计首先需要进行全面的学习需求分析。传统教育通常采用统一的教学计划和标准，而个性化学习则要求根据每个学生的具体情况来定制学习内容和进度。这一过程的核心在于通过大数据收集和分析，全面了解学生的学习需求，包括他们的学科掌握情况、学习兴趣、学习风格、个性特点等信息。利用大数据技术，教育者可以从学生的历史学习数据、课堂表现、作业成绩、在线学习平台的使用情况等多个维度进行数据分析，得出每个学生的学习需求和学习瓶颈。这些数据支持能够为个性化学习路径的制订提供科学依据，从而确保每个学生都能在合适的学习节奏和方式下达到最佳的学习效果。

（二）个性化课程与教学内容的开发

在数据支持的基础上，个性化学习方案的另一个关键环节是个性化课程和教学内容的开发。根据学生的需求分析结果，教师和教育机构需要开发适合不同学生的课程和教学内容。这些课程可以是模块化的，既可以根据学科知识的难易程度进行分层设计，也可以根据学生的兴趣和职业发展方向进行个性化调整。例如，对于数学能力较强的学生，可以设计更具挑战性的数学竞赛课程；对于具有艺术兴趣的学生，可以开发艺术设计、创意写作等特色课程。课程内容的设计不仅要满足学科知识的需求，还要关注学生的学习方式与认知特点。例如，对于视觉型学习者，可以利用图表、视频等形式；对于动觉型学习者，则可以设计更多的实践操作任务。通过灵活、个性化的课程设计，确保学生能够在自己擅长和感兴趣的领域中获得最大程度的成长。

（三）学生兴趣与能力的综合考虑

个性化学习方案的设计不仅需要考虑学生的学科成绩和学习进度，还要充分融入学生的兴趣和能力。学生的兴趣是激发其学习动力和创造力的重要因素，在设计个性化学习方案时，教育者应当从学生的兴趣出发，为其提供适合的学习材料和实践机会。通过分析学生在课外活动、兴趣小组、社交媒体等方面的行为数据，教师可以识别学生的兴趣爱好，并将其融入学习内容的选择中。学生的能力也是设计个性化学习方案时不可忽视的因素。在考虑兴趣的基础上，还应综合考虑学生的学习能力和发展潜力。通过对学生能力的全面评估，教育者可以为不同能力层次的学生提供差异化的支持和挑战。例如，对于能力较强的学生，可以设计更高阶的课程内容；而对于学习能力较弱的学生，则可以通过补充性的辅导课程或资源帮助他们打好基础。个性化学习方案应当通过平衡兴趣与能力，确保每个学生在各个层面得到适当的挑战与支持，从而促进其全面发展。

三、个性化学习方案的实施与监督

（一）方案实施的进度与效果跟踪

个性化学习方案的实施必须依赖于精确的进度与效果跟踪机制。通过数据化的学习管理系统，教师可以实时监控学生的学习进展，包括学习任务的完成情况、学习时间的投入和学习成绩的变化。系统可以通过自动化评估工具，定期提供学生的学习效果分析报告。这些报告应覆盖学生在不同学习模块中的表现、知识掌握程度及其进步速度，帮助教师及时发现学习中的问题并调整教学策略。实施效果的跟踪应注重定期反馈与调整，以确保个性化学习路径在实施过程中的适应性和效果。通过精准的进度跟踪，能够有效避免学生在学习过程中的滞后，确保每个学生在其能力范围内持续成长。

（二）教师与学生的协同参与机制

在个性化学习方案的实施过程中，教师与学生的协同参与是不可或缺的。教师不仅是学习的引导者和资源提供者，更应成为学习过程中学生的支持者和激励者。教师需要定期与学生进行一对一的交流，帮助学生识别学习中的困难和挑战，提出个性化的学习建议，并及时调整教学内容与策略。学生在个性化学习方案中的参与也是非常关键的，他们应当在教师的指导下积极参与学习计划的制订和调整，明确自己的学习目标与进度。为了有效实现这一协同机制，学校应鼓励教师与学生之间开展定期反馈会、学习小组讨论和进度回顾等互动环节，从而保证个性化学习方案的顺利执行和最大化的学习效果。

（三）学习资源的个性化推荐与调整

个性化学习方案的实施必须建立在灵活的学习资源推荐与调整机制之上。基于大数据分析，教育平台可以为每个学生推荐符合其兴趣、学习风格和能力水平的资源。这些资源不仅包括传统的教材和参考书籍，还应涵盖在线学习平台、互动课程、视频讲解、模拟练习等多种形式。学习资源的个性化推荐需要考虑学生的即时反馈和学习表现。例如，对于学习进度较慢的学生，可以推荐更多基础性、复习性的学习资源；而对于学习能力较强的学生，则可以提供更多深度拓展和挑战性的内容。资源推荐的调整应是动态的，随着学生学习情况的变化，平台可以实时更新和优化推荐的内容，确保资源始终与学生的学习需求匹配，从而最大化学习效果并提升学生的主动学习兴趣。

第三节　个性化教学资源的推送策略

一、个性化教学资源的类型与功能

（一）课件、教材与辅导资源的个性化

个性化教学资源的推送首先需要考虑课件、教材和辅导资源的定制化。通过大数据分析，教育平台可以为每个学生推送符合其学习进度、知识掌握情况和个性化需求的教材和课件。这些课件不仅应涵盖标准的课程内容，还应结合学生的薄弱环节和兴趣点，提供定制化的学习材料。例如，针对某些学生在某一学科领域的薄弱点，系统可以自动推荐该领域的辅助教材、课后习题和解题策略，从而帮助学生弥补知识空缺。辅导资源的推送可以基于学生的学习轨迹和困难点，推荐相关的练习题、在线讨论组或专家答疑，确保学生能够获得全面的学习支持，推动其在学习过程中不断进步。

（二）学习视频与在线课程的推荐

随着数字化教育的普及，学习视频和在线课程已成为个性化学习资源的重要组成部分。个性化学习平台可以根据学生的学习风格、兴趣和能力，推荐与之匹配的学习视频和在线课程。例如，针对视觉型学习者，平台可以推荐包含图示、动画和实时讲解的视频课程；而对于听觉型学习者，则可以推送更多音频讲解和讨论课程。学习视频和在线课程的推荐也可以根据学生的学习进度进行调整，确保内容的难度和深度与学生的学习水平相适应。在这一过程中，平台应当实时监控学生对推荐视频和课程的反馈，包括观看时长、互动频率和学习成果等，以便进一步优化推荐机制，使其更符合学生的个性化需求。

（三）实时学习反馈与评估报告的推送

为了有效支持学生的个性化学习，实时学习反馈和评估报告的推送至关

重要。个性化学习平台应当根据学生的学习行为、作业成绩、课堂参与等数据，实时生成反馈报告，并及时推送给学生和教师。反馈内容可以包括学生在某一学科或某个知识点的掌握情况、学习进度和存在的薄弱环节等。通过这些即时反馈，学生可以了解自己的学习状况，及时调整学习策略，避免学习偏差。教师也可以根据反馈报告了解学生的整体学习进展，并在需要时提供个性化的辅导和指导。评估报告的推送不仅帮助学生和教师了解当前的学习成效，还能为接下来的学习路径调整和资源推荐提供依据，从而形成良性的学习反馈循环。

二、基于大数据的推送算法设计

（一）个性化推荐系统的构建与优化

个性化推荐系统的核心在于根据学生的学习行为、兴趣、偏好和能力，为其推送最适合的教学资源。构建该系统需要依赖于大量的数据采集和分析技术，并通过收集学生的学习记录、作业成绩、互动情况和平台上的行为数据，对学生的学习需求和偏好进行全面分析。常见的推荐算法包括协同过滤、内容推荐和混合推荐等，其中协同过滤方法通过分析相似学生的行为，为目标学生推荐他们可能感兴趣的资源；内容推荐方法则依据资源的特征（如难度、题材、形式等）与学生的兴趣进行匹配。优化个性化推荐系统，需要不断改进算法的精度和响应速度，采用深度学习等先进技术，通过动态更新“学生画像”和学习行为模型，使推荐更加精准。随着推荐系统数据量的增加，算法的学习能力和个性化程度也需不断提升，确保为学生提供更加符合其实际需求的资源。

（二）基于兴趣与能力的资源匹配策略

资源的推送不仅应考虑学生的兴趣，还应兼顾其学习能力和发展潜力。基于兴趣的推荐系统主要依赖于学生的自我表达、历史行为和学习目标来判断其兴趣所在，如通过分析学生选择的课程、参与的活动和互动内容来推测其学习兴趣领域。基于能力的资源匹配策略，则更多依赖于学生的知识掌握水平、技能提升需求等因素。例如，系统可以通过分析学生的作业成绩、课堂参与情况和对不同难度内容的接受度，推送难度适中的资源以促进其能力的进一步提升。通过对学生兴趣与能力的多维度分析，可以构建更具个性化、全面性的资源匹配策略，确保学生不仅能够接收到自己感兴趣的资源，还能够在能力适配的前提下获得持续进步所需的教学内容。该策略的核心是根据学生的学习轨迹动态调整推荐内容，并保证推荐资源的持续更新和多样化。

（三）学习进度与资源推送的动态调整

学习进度与资源推送的动态调整是实现个性化学习的关键环节。学生在学习过程中的进度是多变的，有些学生可能在某些知识点上掌握得较快，而在其他领域则可能遇到困难。推送系统需要实时监控学生的学习进度，并依据其当前的学习状态调整推送策略。动态调整资源推送的方式，可以通过实时数据分析和学生反馈进行优化，确保每个学生在其学习旅程中的每个阶段都能得到最合适的支持。为了确保推送内容的有效性，系统还应依据学习反馈数据不断优化资源推荐模型，并根据学生的学习情况及时更新推荐内容，以促进个性化教育的全面发展。

三、个性化教学资源推送的技术与挑战

（一）算法模型与学习行为数据的结合

个性化教学资源的推送依赖于精准的算法模型，这些模型需要结合学生的学习行为数据来进行有效的推荐。学习行为数据包括学生的登录记录、浏览历史、作业成绩、课堂互动情况等，所有这些数据都能为系统提供学生兴趣、学习习惯、知识掌握情况等关键信息。通过数据分析，结合机器学习和深度学习算法，系统可以动态调整和优化推荐策略。例如，协同过滤算法能够分析与其他学生的相似度，从而为学生推荐他们可能感兴趣的资源；而基于内容的推荐系统则根据资源内容的特征与学生的需求进行匹配。结合这些

数据，算法模型不仅能够更好地理解学生的需求，还能根据学生的学习进度、能力水平、兴趣等因素精确推送适宜的教学资源。在这一过程中，需要确保数据的精准性和完整性，并且要能够处理大规模学生数据，以支持系统的高效运行和精准推送。

（二）推送策略的多样性与个性化实现

个性化教学资源的推送策略必须具备高度的多样性和灵活性，以适应学生不同的学习需求和兴趣。由于每个学生的学习节奏、知识掌握情况和兴趣点不同，推送策略需要具备动态调整的能力。推送策略还需要考虑不同学习风格的学生，如视觉型学习者更适合视频资源，而听觉型学习者则可能更喜欢音频材料。推送策略的多样性还体现在可以根据学生的学习目标和发展方向，提供多种学习路径和资源，帮助学生在自主选择的过程中提升学习效果。为了实现真正的个性化，推送策略必须能够实时分析并适应学生的变化需求，确保每个学生都能根据其独特的学习情境获得最合适的支持。

（三）推送效果的实时监控与反馈机制

个性化教学资源的推送不仅要精准，还需要持续监控和反馈，以保证推送效果的有效性。系统应当设计实时的学习反馈机制，能够跟踪学生的学习进度、资源使用情况、互动频率等数据，并实时评估推荐内容的效果。例如，系统可以通过分析学生对推荐资源的使用频率、学习成果的改善情况等，判断推送策略的有效性。如果某些推荐内容没有带来预期的学习效果，系统应该能够自动调整推送内容和策略。同时，教师和学生可以通过反馈渠道，提供对于推荐内容的直接评价，进一步增强推送策略的精准性和针对性。实时监控和反馈机制能够为教育平台提供数据支持，帮助教育者及时发现学生的学习瓶颈和薄弱环节，从而进行有针对性的干预和辅导。这样，推送效果的持续优化不仅能提高学习效率，也能帮助学生在学习过程中获得更多的支持与帮助，推动个性化教育的深度发展。

第四节　个性化教育效果评估与反馈

一、个性化教育效果的评估指标

（一）学生学业表现的变化与提升

个性化教育的首要目标是根据学生的需求和特点定制教育资源，提高学生的学业表现。学业成绩的变化和提升是评估个性化教育效果的重要指标。通过对学生成绩的长期跟踪分析，可以评估个性化教育方案是否有效地促进了学生在各学科领域的进步。这一评估指标不仅包括考试成绩，还应涵盖学生在作业、课堂讨论等方面的表现，以全面反映学生的学业提升情况。对比实施个性化教育前后的成绩变化，能够为教育方案的效果提供直观的数据支持。

（二）学生兴趣与参与度的反馈

学生的兴趣和参与度直接影响个性化教育的效果。个性化教育能够激发学生对学习的兴趣，增强他们的学习动机。评估学生的兴趣变化，可以通过学生对推荐资源的使用频率、参与度和互动情况来实现。课堂活动的参与度也是一个关键指标。学生是否积极参与讨论、课外活动、项目实践等，能够反映他们对学习内容的兴趣和主动性。高兴趣和高参与度通常表明个性化教育策略有效地调动了学生的学习积极性，因此，应通过定期的问卷调查、数据跟踪等方式收集学生的反馈，评估他们对学习内容的兴趣变化。

（三）学生学习自主性与思维能力的发展

个性化教育不仅旨在提升学业成绩，更重要的是培养学生的学习自主性和思维能力。学生是否能够主动选择学习资源、制订学习计划并独立完成任务，是评估个性化教育效果的重要方面。个性化教育应能培养学生的批判性思维、创造力和问题解决能力。通过分析学生在解决复杂问题时的思维方式、创新性解决方案的提出等，可以评估其思维能力的发展情况。定期的能力评估、任务设计和学生自我评估报告能为这一指标提供有效数据支持。

二、评估方法与数据分析技术

（一）定量评估与定性反馈相结合

个性化教育效果的评估应采用定量与定性相结合的方式。定量评估主要依赖学生成绩、参与度、学习时间等客观数据，能够提供较为直观的评估结果。定性反馈则包括学生和教师的主观评价、学生的学习态度、兴趣变化等，这些数据能够揭示学生在学习过程中的心理变化和行为特点。结合定量评估与定性反馈，能够全面评估个性化教育的效果，并为后续的教学调整提供更为详细的信息。

（二）学习过程数据与最终成绩的分析

学习过程数据是评估个性化教育效果的关键依据。通过跟踪学生在学习过程中的每个阶段的行为数据（如作业完成情况、参与互动的频次、学习时间分配等），可以全面了解学生的学习状态与进度。结合这些过程数据与最终成绩数据的分析，可以帮助教师评估教育方案的实际效果，并为调整教学策略提供依据。例如，学生在某个知识点上停留较长时间可能意味着该内容存在学习困难，需要更多的支持；而成绩提高较快的学生可能表明个性化教学已经产生了积极的影响。

（三）学习过程的动态跟踪与持续评估

动态跟踪与持续评估是个性化教育的一大特点。通过实施对学习数据的实时监控与动态分析，教育者可以在教学过程中发现问题并及时调整策略。例如，系统可以实时记录学生的学习进度和反馈，分析他们对各类教学资源的响应，并及时调整资源的推荐或教学方法。通过持续的评估，可以根据学生的学习表现进行个性化调整，确保教育方案始终适应学生的需求，并为学生提供最合适的支持。

三、评估结果的反馈与方案优化

（一）个性化教育方案的迭代优化

个性化教育效果的评估不仅是为了确认方案是否有效，更重要的是根据评估结果不断优化和调整教育方案。个性化教育方案应具备灵活性和适应性，能够根据学生的不同需求进行动态调整。通过定期收集评估数据，教育者可以识别教育方案中的不足之处，并在此基础上进行迭代优化。优化内容可以包括调整课程内容、改进教学方法、更新学习资源推荐等，以确保教育方案能够更好地满足学生的个性化需求。

（二）学生反馈与教师反思机制的结合

学生反馈是优化个性化教育方案的重要来源之一。学生通过自我评估、问卷调查等形式提供的反馈，可以揭示个性化教育方案在实际实施中的优势与不足。教师反思机制也是提升教育质量的关键。教师应定期对学生的学习进展进行反思，总结教育方案实施中的成功经验和改进空间。通过结合学生反馈与教师反思，教育者可以形成持续改进的反馈机制，进一步提升个性化教育的效果。

（三）评估结果在教学调整中的应用

评估结果的应用是个性化教育反馈的重要环节。教学调整应基于评估结果，及时响应学生的需求变化。例如，如果评估结果表明某些学生在特定学科上存在学习困难，可以调整资源推荐，提供更多的辅导资料；如果某些学生在学习过程中表现出较高的自主性和积极性，可以推荐更具挑战性的内容。通过灵活应用评估结果，教育者可以实现更精细化的教学调整，确保每个学生都能得到个性化的教育支持。

第四章　大数据助力学生学业预警与辅导

第一节　学业预警指标体系的构建

一、学业预警指标体系的基础设计

（一）学业成绩与学习行为的关联性分析

学业成绩是学生学业情况的直观反映，但单纯依赖成绩难以全面揭示学生的学习状态。将成绩与学生的学习行为相结合，可以更好地分析学生的学业风险。学习行为如课堂参与、作业完成情况、学习时间的投入等，往往与学业成绩高度相关。例如，缺乏学习积极性、课堂参与度低或作业延迟提交的学生，可能会面临学业成绩下滑的风险。大数据分析能够有效识别影响学生成绩的行为模式，为其学业预警提供基础数据支持。

（二）学业预警的关键数据维度

学业预警的关键数据维度应涵盖学生的学业成绩、出勤情况、作业完成情况等。

学业成绩：学生的成绩反映了他们对学科内容的掌握情况，可以通过定期考试、平时作业等多个指标来全面评估学生的学术表现。

出勤情况：出勤是学生学习行为的重要体现，长期缺课或旷课的学生通常会面临学习困难。出勤数据能够帮助教育者及时识别可能存在学业风险的学生。

作业完成情况：作业完成情况反映了学生的学习态度及其是否积极参与课程学习。通过分析学生作业提交的及时性、完成质量等，可以发现学生是否存在潜在的学业问题。

（三）学业预警的多元化指标体系框架

学业预警指标体系不仅仅局限于成绩、出勤和作业等基础数据，还应根据学生的多维度特征进一步丰富和完善。

学业成绩：这是最直接的预警指标，涉及各科目成绩、期末考试成绩和课外学习的评价。

学习行为：包括学生的课堂参与、作业提交情况、学习时长等行为数据。这些数据可以揭示学生的学习态度、学习方式和学习投入程度。

心理状态与情感状态：学生的情感和心理健康与学业表现有紧密关联，压力过大、情绪波动可能影响学习效果。心理健康相关数据可以作为补充维度，以更准确地识别学业风险。

社交情况：学生的社交互动与学业成绩也有一定关系，社交孤立的学生可能面临学业困难，因此，需要关注学生的社交网络与人际互动。

二、学业风险评估的标准与方法

（一）学业预警模型的标准化与数据一致性

学业预警模型的构建需要确保数据的标准化与一致性。在大数据环境下，不同数据来源（如考试成绩、课堂行为、作业完成情况等）可能存在格式和结构差异，因此需要对数据进行标准化处理，确保其能够统一输入预警模型。模型的设计应遵循一定的标准化方法，使其具备广泛适用性和可靠性。

（二）通过数据分析制定风险评估标准

通过对历史数据的分析，可以制定出学业风险评估标准。例如，某个学生的成绩低于某个分数线，或作业完成情况不达标，便可认为该学生存在一定的学业风险。学生的出勤率低、心理健康数据不佳等都可以作为风险评估的标准。通过这种数据分析，教育者能够更加科学、准确地评估学生的学业风险。

（三）学业预警的精确度与实效性评估

学业预警模型的精确度和实效性是评估其价值的关键。高精度的预警模型能够准确地识别出面临学业困难的学生，并及时提供干预措施。实效性则强调预警的时效性，即在学生面临风险之前，及时发出预警信号。为了提高预警模型的精确度与实效性，需要不断优化数据采集与处理的质量，并通过持续反馈进行模型的调整与更新。

三、动态监控与数据反馈机制

（一）学业预警指标的动态调整机制

学业预警指标不是一成不变的，需要根据实际情况进行动态调整。例如，学生在某一阶段成绩有所上升，但其作业提交情况依然不佳，这时作业的完成情况仍然需要作为预警的关键指标。通过动态调整预警指标，可以更准确地反映学生的实时学习状态，避免过时的指标影响预警效果。

（二）数据监控与学生学业表现实时反馈

学业预警系统应具备实时监控功能，能够持续追踪学生的学业表现、学习行为等数据变化。当学生的某些学业表现出现波动时，系统应能够迅速反馈，并生成预警信息。实时监控与反馈机制有助于快速识别学业风险，并及时采取干预措施。

（三）预警信息的自动化报告与通知机制

为了确保学业预警信息能够及时传达给相关人员，系统应具备自动化报告与通知功能。当预警指标达到设定的阈值时，系统自动生成报告，并通过电子邮件、短信等方式通知教师、家长及学生本人。这种自动化机制能够保证预警信息的及时性与准确性，从而有效帮助学生在学业上获得更多的支持与帮助。

第二节 基于大数据的学业风险预测模型

一、学业风险预测的理论基础

（一）学业风险的概念与分类

学业风险是指学生在学习过程中，因各种因素可能导致学业成绩不理想、学习困难加剧甚至学业失败的情况。学业风险可分为多个类型。

第一，成绩风险。学生的成绩长期处于较低水平，未能达到及格或要求的标准。

第二，行为风险。如缺课、作业未按时完成等学业行为不良表现，通常反映学生学习态度不积极或缺乏学习投入。

第三，心理风险。它包括情绪波动、心理健康问题等，可能影响学生的学习表现和能力。

第四，社交风险。孤立、缺乏互动和社会支持的学生可能会因缺乏自信或资源支持，造成学业上的困难。

了解这些不同类型的学业风险有助于建立全面的学业风险预测模型。

（二）预测模型在教育管理中的应用价值

预测模型在教育管理中的应用，可以帮助教育者提前识别面临学业风险的学生，从而及时进行干预。这些模型通过数据分析，能够评估学生的学业发展趋势，为教师和学校管理者提供决策支持。通过预测学业风险，学校可以在学生成绩下滑前进行辅导，提供必要的资源和帮助，从而有效降低学生退学率、提高整体学业表现。

（三）大数据对学业风险评估的支撑作用

大数据在学业风险评估中发挥着重要作用。通过收集和分析大量的学生数据（如成绩、出勤、行为习惯、学习时间等），大数据能够提供更加全面、精准的评估基础。不同于传统方法依赖单一的成绩评估，大数据使得学业风险评估更加全面，教育者能够捕捉学生在学习过程中的各种微小变化，从而及时预测潜在的学业问题。大数据还为动态调整预测模型和评估标准提供了可持续的数据支持。

二、预测模型的建立与算法应用

（一）数据挖掘与机器学习算法的选用

在构建学业风险预测模型时，数据挖掘技术和机器学习算法是不可或缺的工具。

数据挖掘技术：通过分析历史学生数据，发现潜在的学习模式与风险指标。

机器学习算法：使用大量学生数据来训练模型，通过算法自动识别学业风险的关联因素并进行预测。常见的机器学习算法包括支持向量机（SVM）、k 近邻（KNN）、决策树（CART）、随机森林等。

选择合适的算法不仅能够提高预测精度，还能使模型具备更好的适应性与扩展性。

（二）回归分析、决策树、神经网络在学业风险预测中的应用

回归分析：回归分析通过建立因变量与自变量之间的数学关系模型，能够对学生成绩或其他学业表现进行预测。通过回归分析，可以量化影响学业风险的各个因素，并预测学生的未来表现。

决策树：决策树是一种直观且易于解释的模型，根据不同的学业指标（如成绩、出勤、作业完成等）进行条件判断，得出学生的学业风险级别。决策树模型特别适合处理具有层次结构的分类问题，如评估学生的风险等级。

神经网络：神经网络是较为复杂的机器学习模型，能够通过多层处理器节点（类似于人脑神经元的工作原理）从大规模数据中形成学习模式。神经网络能够自动从学生的行为和学业数据中提取深层特征，进行高精度的风险预测。

这些算法各自有其优缺点，选择合适的算法可以显著提升学业风险预测的准确性。

（三）模型验证与准确率评估

为了确保预测模型的可靠性，必须对其进行验证和评估。

交叉验证：通过将数据分为多个子集，交替使用不同的子集进行训练和测试，评估模型的准确度，避免过拟合问题。

准确率与精度评估：通过计算模型的预测准确率、召回率和F1值等指标，判断模型的有效性。精度高的模型能够准确识别出风险学生，并减少误报。

模型鲁棒性测试：通过对模型进行各种场景的测试，确保其在面对不同数据输入时依然能稳定发挥作用。

三、学业风险预测模型的优化与调整

（一）根据学生特征调整预测模型

每个学生的学习特点不同，预测模型需要根据学生的具体特征进行调整。例如，学习成绩较好的学生，可能更多地受到学习行为（如作业完成情况、课堂参与度等）的影响；而成绩较差的学生，可能需要更多关注心理状态、社交状况等因素。通过对学生个性化特征的分析，可调整模型中的参数与权重，从而提升预测的精准度。

（二）定期更新与完善预测模型的参数

随着学生学习情况的变化，学业风险预测模型的参数和结构也需要不断更新。定期更新预测模型，可以通过新的学生数据调整现有的算法，增强模型的适应性和实时性。模型的不断更新和完善，能够确保它始终反映学生的实际情况，避免过时的预测结果影响学业管理决策。

（三）跨学科数据融合与模型精度提升

在构建学业风险预测模型时，不仅要依赖传统的成绩、行为等学术数据，还可以融合来自心理学、社会学等学科的跨学科数据。例如，心理健康评估、社交行为数据等可以为模型提供更全面的视角。这种数据的融合能够进一步提高预测的精度和全面性，帮助教育者深入了解学生的多维度风险。

第三节　学业辅导策略的针对性制定

一、辅导策略的个性化设计

（一）基于大数据的学生个性化辅导需求分析

通过大数据技术对学生的历史学业表现、课堂参与度、作业完成情况和学习行为数据进行分析，可以精确识别学生的学业弱点、学习风格、兴趣点和心理状态。基于这些分析结果，教育者能够更好地了解每个学生的具体需求，从而制定个性化的辅导策略。个性化辅导需求分析不仅帮助识别学生在学业上的困难，还可以揭示他们的潜力和优势，为未来的辅导工作提供科学依据。

（二）学业辅导的重点领域与方向

1. 学习方法辅导

学习方法辅导是学业辅导中的重要环节，因为每个学生的学习习惯、思维方式和接受能力都有所不同。学生在面对不同的学科内容和学习任务时，可能会有不同的学习方法需求，个性化的学习方法辅导显得尤为重要。学习方法辅导的核心目标是帮助学生找到最适合他们的学习方式，这可以从多个方面来进行调整和优化。例如，有些学生可能适合通过视觉化学习来加深记忆，如使用思维导图、图表等工具来梳理知识；而另一些学生则可能通过听觉学习更为高效，如通过听录音、讲解等方式帮助记忆和理解。此外，有些学生可能更适合通过实践、实验等活动来学习，而有些学生则擅长通过阅读书籍、整理笔记等传统方式来帮助吸收知识。教师在为学生提供学习方法辅导时，需要根据学生的个性特点来推荐不同的学习策略，而不是采用“一刀切”的方式。

帮助学生选择合适的学习策略是学习方法辅导中的关键。学习策略不仅包括学习的技巧和方法，还包括如何合理安排学习时间、如何克服学习中的困难。对于有拖延症的学生，教师可以帮助他们制订合理的时间规划，教他们如何分配学习任务，设置短期和长期目标，逐步推进学习进度。对于理解能力较强的学生，教师可以鼓励他们在学习中加入更多的思考和总结，帮助他们在更深层次上掌握知识。对于记忆力相对较弱的学生，教师可以推荐一些记忆方法，如联想法、图像记忆法、复述法等，以帮助学生提高记忆效果，避免死记硬背。

通过这种个性化的学习方法辅导，学生不仅能够找到适合自己的学习方式，还能在提高学习效率的同时，增强学习的自信心和自主性。个性化辅导的关键在于了解学生的学习特点和需求，然后根据这些特点制定合适的策略，从而有效提升学生的整体学习水平。

2. 时间管理辅导

时间管理辅导是学业辅导中的一个重要方面，特别是在现代教育环境下，学生面临大量的学习任务、课外活动和个人生活等多重挑战。学生的时间管理能力直接影响到他们的学习成绩和整体生活质量。对于很多学生来说，合理规划和高效利用时间并不是一项天生的能力，而是通过指导和练习逐步培养的技能。辅导的目标是帮助学生认识到时间管理的重要性，并提供具体的方法和工具来帮助他们提高效率，避免浪费时间。

时间管理辅导首先需要帮助学生了解和掌握基本的时间管理技巧。对于大部分学生而言，最常见的挑战是拖延和任务堆积。很多学生缺乏明确的时间规划，往往容易在紧张的学习任务中感到迷茫，导致拖延症的发生。教师需要引导学生制订合理的时间表和任务清单，帮助他们按照优先级进行任务分配，从而避免把所有任务留到最后一刻。例如，教师可以建议学生使用时间块管理法，将一天的时间划分为不同的学习块，并为每个时间段设定明确的学习目标，以便学生能够高效地完成任务；还可以教学生如何使用工具，如日历、任务管理软件或笔记本，帮助他们跟踪自己的任务进度和截止时间，避免遗漏重要任务。

教师需要帮助学生培养高效的学习习惯。良好的学习习惯是时间管理的基础，它包括合理安排复习、预习的时间，避免临时抱佛脚。教师可以引导学生从每天固定的时间段开始，逐步培养固定的学习时间和休息时间，使学生能够养成自律的学习习惯，减少拖延行为。培养高效的学习习惯还包括帮助学生找到适合自己的学习节奏和方法，如通过短时高效的学习模式（如番茄工作法）来提高集中力，并定期进行休息，避免长时间的疲劳学习。

教师还需要帮助学生进行自我反思，帮助他们评估时间管理的效果。在辅导过程中，定期的反馈和评估是十分必要的，教师可以通过检查学生的学习日志或与学生一对一交流，了解学生在时间管理上的进展和遇到的困难，有针对性地调整辅导方案，帮助学生更好地调整时间分配。通过这种持续的支持，学生将逐渐掌握时间管理的技巧，养成良好的学习习惯，进而提升学习效率和成绩。

3. 心理辅导

心理辅导在学业辅导中占据着至关重要的位置，因为学业压力、焦虑、情绪波动等心理问题常常对学生的学业表现产生深远影响。学生在面对学习任务时，除了要应对学科知识的挑战外，往往还会面临压力、焦虑、低自信等情绪困扰，这些情绪问题如果没有得到及时有效的疏导，可能会进一步影响学生的注意力、学习动力和最终的学业成绩。心理辅导不仅关注学生的学科能力和学习方法，还需要帮助学生管理情绪、提升自信心，克服可能阻碍他们学习的心理障碍。

学业压力是许多学生常见的问题，特别是在考试季节或学业要求较高的情况下。过大的压力可能导致学生产生焦虑、失眠，甚至表现为逃避学习。心理辅导的首要目标是帮助学生识别和正视自己的压力来源，并通过有效的应对策略来管理这些压力。例如，教师可以通过引导学生进行时间管理、减轻压力的活动（如冥想、深呼吸练习、运动等）来帮助他们放松身心，缓解压力。

焦虑和自我怀疑是学生常见的情绪困扰，尤其在面对学业挑战时更为明显。有些学生可能会因为担心考试成绩不理想、无法满足他人的期望而感到焦虑，甚至对自己的能力产生怀疑。这种负面情绪不仅影响学习动力，还可能导致自我封闭，进而影响学业成绩。心理辅导应帮助学生识别焦虑的根源，调整对学业的认知，帮助他们树立积极的心态。教师可以通过认知行为疗法（CBT）等方法，帮助学生认识到自己的负面思维，并教导他们如何以更积极的方式面对学业挑战。通过这种方法，学生可以逐步减少焦虑感，建立更多的自信心，从而提高他们在学业中的表现。

除了学业压力和焦虑，许多学生在学习中也可能遇到自我效能感低或过于完美主义的问题，这些心理障碍会让学生在学习上缺乏动力或感到困惑。心理辅导可以通过帮助学生建立正确的自我认知，增强他们的自我效能感，让学生意识到自己的努力和进步。同时，教师还可以帮助学生认识到失败和错误是学习过程中的一部分，鼓励他们正确看待挑战和不足，避免过度追求完美，从而减轻心理负担，提升学习动力。

心理辅导的目标是帮助学生在学业中保持健康的心理状态，使他们能够应对学业中的各种挑战，提升自信心，减少不必要的焦虑和压力，并保持积极的学习心态。这种辅导不仅仅可以解决短期的学业问题，还能够帮助学生养成积极的心理调节能力。

（三）通过数据分析制定精准的辅导计划与目标

利用大数据分析学生的学业情况，可以制定出精确的辅导计划与目标。例如，针对在某一学科上表现较差的学生，辅导目标可以设定为短期内提高该学科的基础知识掌握程度；对于自我管理能力不足的学生，辅导目标可以设定为培养其良好的时间管理能力和学习习惯。辅导计划应具体、可衡量，且要根据学生进展定期调整，以确保辅导目标的实现。

二、辅导内容的差异化与多样化

（一）针对不同学业风险级别制定差异化辅导内容

1. 高风险学生

高风险学生通常指那些在学业上表现不佳，成绩低迷，可能存在学习困难或情绪问题的学生。针对这些学生，辅导内容需要更加个性化和具体化，重点帮助他们克服学习上的困难和心理障碍。高风险学生往往存在基础知识的欠缺，可能因为长期的学习不力或者缺乏系统的学习方法，导致在核心知识上出现漏洞。辅导的首要任务是通过针对性的知识补救，帮助学生弥补知识空白。这可以通过提供有针对性的辅导课程、补习班、个别指导等方式进行，确保学生在知识点上不再存在明显的短板。

学习方法的指导对于高风险学生尤为重要。许多成绩不佳的学生可能并没有掌握有效的学习方法，他们的学习效率低下，不能合理规划学习时间或有效学习知识。在辅导过程中需要帮助这些学生培养科学的学习策略。例如，教授学生如何进行时间管理、如何制订合理的学习计划、如何进行有效的复习等。同时，辅导还可以帮助学生提升他们的自学能力，让学生学会如何主动获取知识，避免过度依赖教师或辅导班。

除了知识补救和学习方法的指导，心理状态的调整同样至关重要。许多学业风险较高的学生可能面临较大的学业压力和自信心不足的问题，甚至产生厌学情绪或对自己失去信心。辅导内容需要帮助这些学生通过心理辅导来调整心态，增强自信心，减轻焦虑感。辅导员应通过建立良好的师生关系，了解学生的困惑和压力，帮助他们找到积极的应对方式。例如，可以通过一些心理调节技巧，如冥想、正念训练等，帮助学生有效缓解学业压力，提升他们的情绪调节能力。

2. 中等风险学生

中等风险学生通常是指那些成绩中等偏下、学习上没有显著困难，但可能缺乏系统的学科知识或学习技巧的学生。这些学生可能能够完成基础任务，但在面对更高层次的学习时，表现会不尽如人意。针对中等风险学生的辅导内容应该聚焦于提升他们的学科知识深度、强化学习技巧、培养自主学习能力以及增强学习动力等方面。

学科知识的深度是提升学业表现的关键。中等风险学生往往已经掌握了基础知识，但在学习过程中，可能对更复杂的学科内容理解不足或缺乏进一步的思考和深化。辅导内容需要帮助学生理解和掌握更深层次的知识。通过引导学生进行更多的课外学习和拓展，鼓励他们深入研究与课堂内容相关的主题，帮助他们形成对知识的系统理解。同时，可以通过提供更高难度的练习和问题解决训练，让学生逐步适应更复杂的学习内容，培养他们解决问题的能力和批判性思维。

加强学习技巧的培养也是中等风险学生辅导的重点。很多学生在学习过程中没有高效的学习方法，可能依赖单一的记忆方式或效果一般的复习策略。通过辅导，教师可以帮助学生掌握一些常见的学习技巧，如思维导图、快速阅读、记忆法等，帮助他们提高学习效率。教师可以指导学生如何合理安排学习时间，如何利用课外学习资源，如网络课程、学术文章、图书馆资料等，提升学习的深度和广度。通过技巧的引导，学生能更好地应对课业压力，并提升其学习成果。

进一步讲，培养学生的自主学习能力是另一个辅导重点。中等风险学生的学习状况往往表现为依赖老师的指导，缺乏主动性和自我驱动力。辅导内容应鼓励学生形成自主学习的意识和能力，帮助他们学会如何独立思考、解决问题、制定学习计划和目标。可以通过引导学生制订个人学习计划，提供自主学习的工具和资源，激发他们的学习兴趣和自我驱动力。同时，培养学生解决问题的独立能力，鼓励学生在遇到学习困难时主动寻找解决方案，而不是依赖他人。

增强学习动力也是辅导过程中不可忽视的一部分。对于中等风险学生来说，他们往往在学业上没有明显的困境，但可能因为缺乏足够的动力和兴趣，导致学习效果不佳。辅导内容应当通过激发学生的内在动机，增强他们对学习的兴趣。教师可以通过设定挑战性的学习目标、奖励机制等激励措施，激发学生学习的积极性。同时，通过讨论学生的职业目标和人生规划，帮助学生认识到学业对未来发展的重要性，从而增强他们的学习动力。

3. 低风险学生

低风险学生通常是那些在学业上表现良好、成绩优异的学生。这些学生已经掌握了扎实的基础知识，且具备较高的学习能力，但他们可能面临学业上进一步提升瓶颈，尤其是在提升学术潜力、拓展创新思维和培养跨学科能力等方面。辅导内容应集中在巩固已有优势、提升学术潜力、预防学业瓶颈以及培养学生更高层次的思维和能力。

巩固已有的优势是辅导的基础。低风险学生通常在某些学科领域表现突出，可能拥有较强的学科优势或对某些学科内容有较深的兴趣。辅导内容应帮助学生继续巩固这些优势领域，提供更多的挑战性任务和拓展内容，进一步深化他们的专业知识。例如，可以通过提供高难度的题目、参与学术研究项目、参加学科竞赛等方式，鼓励学生在已有优势基础上不断突破，进一步强化他们的学科实力。

提升学术潜力是辅导的一个关键目标。低风险学生往往有较高的学术潜力，但如果没有合适的引导和挑战，他们可能会停滞不前。辅导内容应着眼于提升学生的批判性思维、分析能力和创造性思维，帮助他们拓展视野，突破学科的局限。例如，可以通过引导学生进行跨学科的研究或课题探讨，鼓励他们在思考问题时考虑不同领域的观点和方法，促进他们的综合思维能力发展。教师可以通过设置具有挑战性的学术项目，让学生接触到更高层次的学术问题，从而激发他们的潜力和创新能力。

另外，培养创新思维是低风险学生辅导的另一个重点。虽然这些学生在学业上表现较好，但如果缺乏创新思维，他们可能会遇到学业发展的瓶颈。创新思维的培养可以通过鼓励学生进行开放式的思维训练、参与项目式学习和创新竞赛等方式进行。通过这些方式，学生不仅能够提升自己创造性解决问题的能力，还能学会如何在已知的框架之外提出新的问题和答案。可以通过跨学科的项目合作，培养学生在多领域、多角度的背景下进行创新的能力，使他们能够在不同领域中发现交叉点，拓展他们的创新视野。

跨学科能力的培养也应成为辅导的重要方向。低风险学生通常具备较强的学科基础，因此可以通过跨学科的学习帮助他们扩展思维边界，提高综合素质。可以通过设计跨学科的项目或课程，帮助学生将不同学科的知识融合起来，培养他们解决复杂问题的能力。例如，学生可以参与到涉及数学、科技、人文学科的项目中，通过实践活动加深对跨学科问题的理解。通过跨学科的学习，学生不仅能在学术上取得更多的突破，还能为将来的职业生涯奠定更广泛的知识基础。

预防学业瓶颈是低风险学生辅导的重要任务。尽管这些学生当前在学业上表现良好，但如果他们没有持续的挑战和成长，可能会陷入学业发展的瓶颈期。辅导内容应通过定期的学业反馈和评估，帮助学生发现潜在的学术困境，并在问题出现前及时进行干预。教师可以与学生共同设定更高的学术目标，帮助他们在完成当前学业任务的基础上，规划未来的发展路径，确保他们始终处于持续发展的状态。

（二）学科辅导与综合辅导的结合

1. 学科辅导

学科辅导是一种针对学生在特定学科上所遇到的学习困难进行的精准辅导，旨在帮助学生掌握该学科的关键概念、核心技能和必要的技巧。每个学科都有其独特的知识体系和学习要求，因此，学科辅导的重点通常集中在帮助学生克服学科的具体难点，提供个性化的学习策略和方法，从而提高学生在该学科的学业成绩。

学科辅导的核心目标是帮助学生理解和掌握学科中的基础概念和知识点。不同学科有不同的学习难点，如数学中的抽象概念、物理中的定律公式、语文中的阅读理解、英语中的语法结构等。对于学习有困难的学生，教师通过个别辅导或小组讨论，帮助学生逐步掌握这些基础知识。学科辅导的关键在于对知识点的分解和归纳，通过反复讲解、实例演示和模拟练习，让学生在教师的引导下逐步突破难关。

学科辅导注重帮助学生掌握学科特有的学习技巧和方法。例如，在数学学习中，学生可能需要掌握解题的逻辑思维和步骤；而在语言学习中，学生可能需要掌握有效的记忆单词和理解句型结构的方法。在这方面，学科辅导不仅仅是解决单一知识点的问题，更重要的是帮助学生掌握高效的学习方法和技巧，从而提升他们的自主学习能力和解题能力。通过多种辅导方法的结合，如课外习题、在线平台、互动游戏等，可以帮助学生通过多样化的形式掌握学科中的技巧。

学科辅导还能够帮助学生提高他们的学术自信心。很多学生在面对某些学科时，由于长时间的困难和挑战，容易产生畏难情绪，认为自己无法掌握这门学科。通过针对性辅导，帮助学生逐步克服这些学科的学习难点，可以有效提高他们的自信心，让他们认识到自己的潜力，进而激发他们持续学习的兴趣和动力。通过系统性的辅导，学生可以逐步积累成功的经验，最终克服学科中的困难，从而提升整体学业成绩。

学科辅导的形式灵活多样，既可以是面对面的个性化辅导，也可以通过在线辅导平台、远程教学等方式进行。不同的辅导方式可以根据学生的具体需求和学习节奏来安排，通过灵活的教学方式，使学生在学科上得到及时有效的帮助。

2. 综合辅导

综合辅导不仅仅局限于学科知识的传授，还涉及学生在学习过程中的整体素质提升，包括学习习惯、思维方式、情绪管理等非学科因素。这些非学科因素对学生的学业表现和个人成长起着至关重要的作用，综合辅导的目标是帮助学生在多个维度上取得平衡与发展，从而全面提升其学习效率和生活质量。

综合辅导注重培养学生的学习习惯。良好的学习习惯是学生成功的基石，而这些习惯包括课前预习、课后复习、定期整理笔记、按时完成作业、主动寻求帮助等。许多学生面临学习成绩不理想的问题，往往并非缺乏能力，而是因为缺乏有效的学习习惯。综合辅导通过帮助学生分析其学习习惯的优劣，制订合理的学习计划，并提供持续的指导，帮助学生逐步改进不良习惯，培养高效的学习方式。通过这些措施，学生可以逐渐形成自觉、高效的学习方式，提升学业水平。

综合辅导也强调思维方式的培养。思维方式直接影响学生的学习效果和解决问题的能力。在学科辅导中，学生通常聚焦具体的知识点和解题技巧，而综合辅导则帮助学生提高思维的广度和深度。例如，学生可以通过批判性思维训练学会分析问题的多角度，培养创新思维能力，从而不局限于单一解答路径。在实际的辅导过程中，综合辅导可能会通过辩论、头脑风暴、跨学科项目等形式来激发学生的思维能力，帮助他们学会在复杂的学习任务中灵活应对和创造性地解决问题。

情绪管理也是综合辅导中的一个重要方面。学生在学习过程中经常会遇到各种压力，如考试焦虑、学业压力、对失败的恐惧等，这些情绪问题会极大地影响他们的学习状态和表现。通过综合辅导，学生不仅可以获得学科知识的帮助，还可以得到情绪管理的指导。辅导内容可能包括情绪识别与调节技巧、压力管理方法、建立积极心态的练习等。通过情绪管理，学生可以学会如何在面临学业压力时保持冷静、理性，从而提高学习效率。有效的情绪管理能够帮助学生应对学术挑战，减少焦虑，保持长期的学习动力。

综合辅导还包括社交技能的提升、团队合作能力的培养等方面。这些技能虽然不直接与学业成绩挂钩，但对于学生的个人成长、未来职业生涯以及人际关系的处理非常重要。通过小组合作、社交活动等形式，综合辅导可以帮助学生提高沟通能力、增强团队意识，使他们在面对未来的学习和工作挑战时更加自信和从容。

综合辅导通过关注学生的多维度发展，帮助学生在学术、情感、心理和社交等多个方面取得进步，从而为学生的长期发展奠定基础。这种辅导方式能够帮助学生克服单纯依赖学科知识传授的局限，培养全面素质，促进个人成长。

（三）线上与线下辅导相结合的模式探索

1. 线上辅导

线上辅导作为一种现代教育模式，依托互联网技术，通过各类网络平台为学生提供多种学习资源和辅导服务。这种方式极大地拓宽了学习时间和空间边界，使学生可以随时随地进行自主学习。线上辅导最突出的优势之一是其灵活性，学生不再受限于传统的课堂时间和地点，可以根据个人的学习进度和需求来安排学习，特别适合那些自学能力较强的学生。

线上辅导平台通常提供一系列资源，如教学视频、互动问答、在线测评、作业批改等。学生可以通过观看教学视频掌握新的知识点，利用平台上的测评工具进行自我检测，了解自己的学习进度和薄弱环节。测评结果通常会及时反馈给学生，帮助他们准确识别需要改进的地方。这种即时反馈的机制能够有效促进学生自我调整，提升其自主学习的能力。

线上辅导也为学生提供了丰富的互动机会。许多平台设有讨论区或在线问答功能，学生可以在这些平台上与教师或同学进行交流，提出自己的疑问并获得及时解答。这样不仅能够帮助学生解决学习中的难题，还能提高其参与度，激发学习的主动性和兴趣。线上辅导还为学生提供了灵活的学习节奏，尤其是那些由于时间或地理原因无法参与线下辅导的学生，能够通过在线学习平台继续跟进学习进度，确保学业不会滞后。

线上辅导也有一定的局限性。虽然它能够提供便捷的学习资源，但学生缺乏面对面交流的机会，可能会导致某些学生在学习过程中感到孤立，缺乏即时的情感支持和引导。对于一些学习自觉性较差的学生，线上辅导可能存在监管不到位的情况，学生可能因为缺乏外部监督而容易产生懒散情绪。

线上辅导更适合那些具有较高自我驱动力的学生，他们能够充分利用线上平台的资源进行自主学习并根据反馈进行调整。对于需要更多个性化指导和督促的学生，线上辅导可能需要结合其他辅导方式，如定期的线下辅导或实时在线答疑等，以确保学生的学习质量。

2. 线下辅导

线下辅导作为传统教育模式的一部分，能够为学生提供更加个性化和针对性的帮助。与线上辅导不同，线下辅导强调的是面对面的互动和即时反馈，特别是在学生学习中遇到的具体问题方面，线下辅导能够提供更为深入的支持。教师能够直接观察学生的表现，及时了解其学习状态，有针对性地给予反馈，解决学生在知识掌握或学习策略上的困惑。

在线下辅导中，教师和学生之间的互动更加直接和即时，教师可以根据学生的反应及时调整教学方法和内容。例如，在解答学生的难题时，教师可以通过示范、讲解、互动提问等多种方式帮助学生更好地理解知识点。学生也可以在此过程中表达自己的疑问，教师通过个性化的解答和指导，帮助学生突破瓶颈，避免误区的产生。这种面对面的交流有助于建立更为信任的师生关系，使学生更愿意主动表达学习中的困惑，并获得更准确的解答。

尤其在心理辅导和学业咨询方面，线下辅导具备线上模式无法替代的优势。学生在面对学业压力、情绪波动或心理问题时，线下辅导能够提供更为细致的情感支持和心理疏导。教师通过与学生的直接接触，可以更加敏锐地察觉到学生的情绪变化，并给予及时的安抚和引导。这种面对面的互动不仅能帮助学生在学业上获得支持，还能增强他们的心理韧性和自信心，促进身心健康。

线下辅导在学业咨询方面也具有独特优势。教师能够根据学生的学习进展、兴趣爱好、学习习惯等多方面因素，提供定制化的学业建议。通过面对面的交流，教师和学生能够更全面地探讨学生的学业目标、职业规划等，帮助学生制订合理的学习计划，并进行有针对性的干预。这种细致入微的辅导有助于学生形成科学的学习策略，提高学习效果。

线下辅导也有一些限制。线下辅导通常受限于时间和地点，学生和教师需要在特定的时间和地点进行辅导，这对于某些学生来说可能不够灵活。线下辅导需要更多的资源投入，如教师时间和辅导空间的安排，这可能导致教育成本上升。尽管线下辅导在解决具体学习问题、提供情感支持和学业规划等方面有着不可替代的优势，但其规模和可访问性可能受到一定的制约。

三、辅导效果的跟踪与评估

（一）辅导前后的学业表现数据对比分析

辅导效果的评估首先要通过对比分析学生辅导前后的学业表现数据来进行。这样的分析是最为直观和有效的评估方式，能够帮助教育工作者准确地判断辅导是否达到了预期的目标。具体来说，学业表现数据可以包括多个方面，如学生的考试成绩、作业完成情况和课堂参与度等。

考试成绩是最直接的学术指标，辅导的效果如果显著，学生的成绩应该会有所提高。通过对比辅导前后的考试成绩变化，可以评估学生在知识掌握和学术能力上的提升。如果辅导前后成绩变化不大，可能意味着辅导策略或方法存在问题，或者学生的学习方法需要进一步调整。

作业完成情况也是评估辅导效果的重要维度。如果学生在辅导后能够按时完成作业，且作业质量有所提高，说明辅导在一定程度上改善了学生的学习习惯和自主学习能力。如果作业完成情况没有改善，可能意味着辅导内容没有切实帮助学生提高解决问题的能力，或者学生缺乏足够的学习动机。

课堂参与度反映了学生对课堂内容的兴趣和参与的积极性。如果学生在辅导后更加主动参与课堂讨论、提问和互动，说明辅导有效激发了学生的学习兴趣，提升他们对学科的关注度和参与度。反之，如果课堂参与度没有明显变化，可能需要重新评估辅导的方式或内容，进一步激发学生的参与感和责任感。

因此，辅导效果的评估不仅仅依赖于某一单一的数据维度，而是需要综合分析多个维度的数据。通过对比分析，教育工作者可以清晰地看到辅导的成效，从而决定是否需要对辅导方案进行调整，以确保学生能够在辅导过程中得到真正的学业进步。如果辅导效果不如预期，就需要根据学生的反馈和数据表现，对辅导方式、内容和实施策略进行优化，进一步提高辅导的针对性和有效性。

（二）辅导过程中的实时数据反馈与调整

辅导过程中的实时数据反馈与调整是确保辅导效果最大化的关键环节。在辅导实施过程中，教师需要密切关注学生的学习状态，通过收集和分析多维度的学习数据来获得即时反馈。这些数据包括学生的作业完成情况、学习时间、课堂参与度等，它们能够为教师提供具体而直观的信息，帮助他们理解每个学生在学习过程中的进展和存在的问题。作业完成情况能够反映学生是否按时、认真地完成了任务，学习时间则显示了学生投入学习的程度，而课堂参与度则能够揭示学生对课程内容的兴趣和参与的积极性。通过对这些实时数据的收集和分析，教师可以及时发现学生在某些方面可能存在的困难或瓶颈。

例如，如果个学生在某一学科领域反复出现错误，或者作业的完成质量较低，教师可以及时得出结论，指出该学生在该领域存在较大的理解困难。这时，教师应迅速调整辅导计划，将更多的时间和资源集中在该学生需要帮助的领域，进行更为针对性的辅导。这样的实时调整有助于避免学生因为学习上的困扰而感到迷茫或失去信心，同时也提高了辅导的效率和效果。

教师的及时调整不仅仅是为了帮助学生克服困难，也是为了激发学生的学习动力和兴趣。当学生感受到教师根据自己的需求做出的个性化调整时，他们会更加感激教师的关注，并且更愿意投入更多的精力和时间进行学习。这种互动与反馈的过程，能够帮助学生在学习中保持积极的态度和持续的动力。总之，辅导过程中的实时数据反馈与调整是提升辅导效果的重要手段，能够确保辅导计划的灵活性和针对性，从而帮助学生更有效地克服学习中的难题，提升学业成绩。

（三）辅导效果评估体系与改进措施

辅导效果评估需从多维度、综合性角度开展，不能仅局限于学业成绩这一单一指标，学生的学习态度是否从消极转变为积极、对学习的兴趣是否从淡薄变得浓厚，以及心理状态是更焦虑还是更平和等变化都应纳入评估范畴。设立一套行之有效的评估体系极为关键，借助这样的体系，教师能够全面、深入地了解辅导效果，进而及时察觉辅导过程中存在的问题，如教学方法是否契合学生的学习特点、辅导内容的难易程度是否恰当等，以便及时做出调整。评估结果不能仅仅停留在纸面上，而应及时反馈给辅导团队，让每一位参与辅导工作的人员都能知晓。同时，还需广泛收集学生的反馈，他们作为辅导的直接体验者，最能直观感受到辅导的成效与不足；倾听家长的意见，家长从日常生活中观察到孩子的变化，其意见具有重要参考价值；鼓励教师进行自我反思，思考在辅导过程中的优点与失误。综合这些多方面的信息，持续对辅导方案进行优化，让辅导能够根据每个学生的独特情况，量身定制更具个性化的辅导策略，使辅导过程更加系统，从辅导目标的设定、内容的安排到方法的选择形成一个有机整体，最终形成科学性的体系，切实提高辅导效果，促进学生全面发展。

第四节　学业预警与辅导的跟踪与改进

一、学业预警信息的反馈与跟进机制

学业预警是帮助学生及早发现学业问题并采取适当干预措施的有效手段。本节旨在阐述学业预警信息的传递、反馈与跟进机制，确保预警系统能高效运作，帮助学生尽快改善学业状况。

（一）学业预警信息的实时传递与响应机制

学业预警的核心要点聚焦于信息的快速传递和相应的响应机制。要达成这一目标，学校迫切需要构建起一套极为高效的信息传递系统。此系统的重要性在于，必须保证学业预警信息能够及时且精准无误地传达给教师、学生和家长。当下，现代信息技术为实现这一目标提供了有力支持，像学习管理系统和学校信息平台等，它们能够对学生的学业表现进行实时记录，无论是学生的课堂表现、作业完成情况，还是考试成绩等各方面的学业信息，都能详细且及时地被记录下来。基于这些实时记录的信息，系统能够通过短信、邮件等便捷的方式，迅速将预警信息反馈给教师、学生和家长。教师在收到预警信息后，要第一时间对学生的学习情况进行深入分析，思考教学方法是否需要调整，如何为学生提供更有针对性的辅导；家长则需从家庭环境、生活习惯等方面审视是否对孩子学习产生影响，积极与孩子沟通，关注孩子的学习状态变化；学生更要重视预警信息，反思自己的学习态度和方法，主动寻求帮助。只有教师、家长和学生都能及时响应这些预警信息，才能确保学业问题被迅速发现并处理，避免学业问题进一步恶化，保障学生能够在学业道路上顺利前行。

（二）学生反馈与学业辅导进度的同步跟踪

学业预警远非单纯的信息传达，其核心要点在于学生针对预警信息给出的反馈，以及后续对学业辅导进度的紧密跟踪。当学生接收到学业预警信息后，必须积极做出反馈，清晰且详细地阐述自己当下在学业方面遭遇的困难与挑战。例如，是某一学科的特定知识点理解困难，还是学习时间安排不合理导致多门课程学习压力大，抑或是因学习环境等外界因素影响了学习状态。辅导教师在获取学生反馈后，须依据这些具体情况对辅导策略进行精准调整。例如，学生反馈对数学函数部分理解吃力，教师可改变讲解方式，运用更多生活实例辅助说明，或者增加相关练习题进行专项训练，以此助力学生攻克难题。

同时，辅导效果的定期评估不可或缺。通过阶段性测试、课堂表现观察、作业完成质量分析等多种方式，对辅导效果进行全面考量，从而确保辅导进度与学生的学业进展保持同步。如果评估发现学生在某一阶段进步显著，可适当加快辅导节奏，拓展学习内容；反之，如果学生进步缓慢，则需深入剖析原因，重新审视辅导策略，放慢进度，巩固基础。

在此过程中，辅导老师与班主任等相关人员的密切沟通至关重要。辅导老师专注于学科知识的辅导与学习方法的指导，而班主任更了解学生的整体学习情况、班级氛围和学生的日常行为表现等多方面信息。双方保持紧密沟通，能够及时共享学生的动态，如班主任发现学生近期情绪波动较大影响学习，及时告知辅导老师，辅导老师在辅导过程中便能给予更多心理关怀；辅导老师掌握学生在学科学习上的特殊困难，反馈给班主任，班主任可从班级管理角度为学生创造更有利的学习条件。如此一来，确保学生的学业改进工作能够持续、高效地推进，不会出现因信息不畅或配合不当而导致的中断情况。

（三）预警信息的多渠道反馈

学业预警信息的反馈不应局限于学校内部，家长和学生理应作为极为重要的参与者，共同投身于信息反馈与跟进的进程。教师在此过程中承担着关键的信息传递职责，一旦获取学业预警信息，须及时且准确地向家长传达。

例如，教师通过家长会、线上沟通平台、电话家访等多种方式，将学生在学校的学习情况，包括成绩波动、课堂表现、作业完成质量等方面的问题清晰地告知家长，让家长全面了解孩子的学业现状。

家长在收到预警信息后，要依据孩子的具体情况，从家庭层面给予有力的支持和鼓励。这可能体现在为孩子营造更适宜的学习环境，如减少家中嘈杂干扰，设立专门的学习空间；关注孩子的生活作息，确保其有充足的休息和合理的饮食，以良好的身心状态投入学习；与孩子进行深入的沟通交流，倾听他们在学习中的困扰和压力，给予情感上的慰藉与鼓励，让孩子感受到家庭的支持与信任，从而激发其积极改善学业状况的内在动力。

学生更要积极主动地参与到反馈和改进的过程中。面对学业预警，学生应勇敢地表达自己对学业问题的真实看法和切实需求。例如，明确指出自己在某些学科知识理解上的难点，是因为课堂进度过快，还是对特定概念的理解缺乏基础支撑；或者提出在学习资源获取、学习时间安排等方面的需求。学生的这些反馈能够为教师和家长制定干预措施提供直接且关键的依据，极大地增强干预措施的针对性和有效性。

教师、家长和学生共同参与，形成一个全方位、立体化的反馈体系。教师从学校教育专业角度提供学业问题的专业分析与指导策略，家长从家庭环境和情感支持层面给予补充，学生则从自身实际感受和需求出发提供一手信息。三方紧密配合，信息互通有无，有助于全面深入地剖析学生学业问题产生的根源，进而精准施策，高效解决学生的学业问题，助力学生实现学业上的提升与进步。

二、学业预警后干预措施的有效性

学业预警后，及时且有效的干预措施能够帮助学生解决学业难题、克服困境。本部分将探讨学业预警后干预措施的有效性，确保干预措施能够真正发挥作用。

（一）学业辅导干预的前瞻性与及时性

学业辅导干预至关重要的特质是前瞻性与及时性。所谓前瞻性，要求辅导老师拥有敏锐的洞察力，在学业预警尚未拉响之前，便能从学生日常的学习表现蛛丝马迹中，提前识别可能出现的学业问题。这需要老师密切留意学生课堂上的专注程度，如是否频繁走神、参与互动的积极性高低；关注作业完成情况，包括作业的正确率、完成时间以及是否存在抄袭迹象；分析学生阶段性的考试成绩变化趋势，是稳步上升、波动较大还是持续下滑。通过综合考量这些多方面信息，辅导老师能够提前预判学生在某些学科知识板块可能遭遇学习瓶颈，或是因学习方法不当导致学习效率低下等潜在学业问题。

一旦察觉到这些潜在风险，辅导老师便要迅速行动，提前准备相关的辅导计划。教育干预方案的制订应当建立精准的问题诊断机制。例如，辅导老师预判学生在即将学习的数学函数章节可能理解困难，其可提前收集丰富的函数应用案例，制作生动形象的教学课件，设计由浅入深的预习引导材料，帮助学生提前熟悉知识框架，降低正式学习时的难度。

及时性则体现在学业预警发出的那一刻。当预警信息传来，干预措施必须迅速启动，刻不容缓。教师要第一时间依据学生的具体情况，制订个性化的辅导方案。倘若学生因偏科导致学业亮起红灯，对于薄弱学科，老师要详细了解学生在该学科各知识点的掌握程度，分析薄弱环节产生的原因，是基础概念模糊，还是解题思路欠缺。然后，根据这些分析结果，为学生量身定制专属辅导方案，如安排一对一辅导课程，精准攻克知识难点；调整学习时间分配，增加薄弱学科的学习时长；推荐适合学生水平的学习资料，强化知识巩固。方案制订完成后，教师要立即投入实施，不能有丝毫拖延。这种快速反应机制对学生意义重大，能让学生在学业问题刚露头的阶段得到有效干预，提高学习效果。在问题还处于萌芽状态时便将其解决，防止小问题随着时间推移逐渐恶化，演变成难以攻克的大问题，为学生的学业发展保驾护航，助力学生在学业道路上稳步前行。

（二）学生学业情况的变化与预警干预的对应关系

学业预警的有效性高度依赖辅导干预措施与学生学业变化之间紧密且精准的对应关系。学生的学业表现宛如一面镜子，清晰映照出预警干预措施的实际成效。如果学生在接受预警干预后，成绩从持续低迷逐渐呈现上升趋势，课堂上参与互动愈发积极主动，作业完成质量显著提高，学习态度从消极敷衍转变为积极进取，这些积极变化无疑彰显了预警干预措施发挥了正向作用，切中了学生学业问题的要害。反之，如果学生学业表现依旧不见起色，甚至在某些方面进一步恶化，如成绩持续下滑、对学习愈发抵触，则表明当前的预警干预措施可能存在偏差，未能精准解决学生面临的学业困境。

为了切实保障干预措施的有效性，辅导教师肩负着密切关注学生学业情况动态变化的重任。这需要教师时刻留意学生日常学习中的点滴细节，不仅仅是阶段性的考试成绩，更涵盖学生每天的学习状态。例如，观察学生在课堂上是否能够跟上教学节奏，眼神中透露出的是专注理解还是迷茫困惑；留意学生在小组讨论中的参与度，是积极发表见解还是沉默寡言；关注学生课后自主学习的主动性，是按时完成作业并主动拓展学习，还是需要不断督促提醒。一旦发现学生学业情况出现波动或异常，教师必须迅速做出反应，及时调整辅导策略。

定期进行学业评估是确保学业预警与干预措施有效实施的关键环节。通过全面、系统地分析学生的成绩，不仅能了解学生对知识的掌握程度，还能洞察其知识薄弱点和进步空间；关注学生的学习态度，判断其学习的积极性和主动性是否发生改变；留意学生的情绪状态，是否因学业压力产生焦虑、抑郁等负面情绪。基于这些多维度的评估结果，教师能够清晰地判断当前的预警干预措施是否与学生的实际需求相匹配。如果发现匹配度欠佳，教师可及时优化调整。例如，针对学生新出现的知识难点，重新设计辅导课程内容；针对学生学习态度的转变，采取更具激励性的教学方法；针对学生情绪问题，适时开展心理辅导与疏导。如此一来，通过不断地评估、调整，确保学业预警与干预措施能够有效对应，形成一个相互促进、持续优化的正向循环，助力学生不断克服学业困难，实现学业成绩与综合素质的稳步提升。

（三）学业预警后心理干预与情绪支持的必要性

当学生收到学业预警时，其心理状态往往会受到显著影响，因此，学业预警绝非仅仅聚焦于学术表现层面的干预，关注学生的心理状态显得尤为必要。在学业压力的笼罩下，学生极易滋生焦虑、沮丧、自卑等负面情绪。这些负面情绪如同隐藏在暗处的“杀手”，悄然侵蚀着学生的学习动力与自信心，进而严重干扰学生的学业表现。例如，过度焦虑可能导致学生在考试时大脑一片空白，原本熟悉的知识点也回忆不起来；长期的沮丧情绪会使学生对学习失去兴趣，产生厌学心理，导致学习效率大幅下降。

鉴于此，预警干预体系中纳入心理干预和情绪支持刻不容缓。学校在此过程中扮演着关键角色，能够提供丰富多样的心理援助方式。心理辅导是其中的重要一环，专业的心理咨询师通过一对一的交流，深入了解学生内心的困扰，帮助他们剖析问题根源，制订个性化的心理调适方案。例如，对于因考试失利而陷入自我怀疑的学生，咨询师可以引导其正确看待失败，分析考试中暴露的问题，鼓励学生从失败中汲取经验教训，重建学习信心。

团体心理支持也是一种行之有效的方式。学校可以组织学业预警学生参与团体心理辅导活动，在团体环境中，学生们能够分享彼此相似的经历与感受，意识到自己并非孤立无援，从而获得情感共鸣与支持。在相互鼓励与借鉴中，学生们能够学习到他人应对学业压力和负面情绪的有效方法，增强自身的心理韧性。

开展情绪调节训练同样不可或缺。学校可开设相关课程或工作坊，教导学生掌握实用的情绪调节技巧，如深呼吸放松法、冥想练习、积极的自我暗示等。通过这些训练，学生能够在面对学业压力和负面情绪时，及时运用所学技巧进行自我调节，保持良好的心理状态。

家长在这一过程中也发挥着无可替代的作用。家长的支持和鼓励是学生心灵的避风港，当孩子收到学业预警时，家长不应一味指责，而是要给予理解与包容，耐心倾听孩子的心声，帮助他们缓解内心的压力。例如，家长可以在日常生活中多关注孩子的情绪变化，通过陪伴孩子参加户外活动、共同阅读等方式，帮助孩子放松身心，调整情绪。同时，家长要积极与学校沟通协作，配合学校的心理干预和情绪支持工作，形成家校合力，为学生营造一个充满关爱与支持的良好环境，助力学生更好地应对学业挑战，实现学业与心理的双重成长。

三、持续优化与系统反馈的长效机制

为了使学业预警系统更加高效和科学，学校需要不断优化干预措施，并建立长效反馈机制。通过持续的反馈和调整，确保学业预警与辅导体系的长期有效性。

（一）大数据支持下的长期学业追踪与反馈

在当今数字化时代，大数据技术宛如一把锐利的手术刀，能够精准剖析学业领域的复杂问题，为学业预警和干预工作注入强大动力。学生的学习历程宛如一幅丰富的画卷，历史学业数据、学习习惯以及课堂参与度等多维度信息都是画卷中的重要笔触。大数据凭借其强大的运算与分析能力，能够对这些海量信息进行深度挖掘。

以历史学业数据为例，通过对学生长期以来的考试成绩、作业完成情况等数据的梳理，大数据能够清晰呈现学生在各个学科知识板块的掌握轨迹，精准定位学生知识薄弱点与学习瓶颈，如发现某位学生在数学函数章节的历次考试中得分始终较低，且作业错误集中在特定类型题目上，这就为教师判断学生的学习困难提供了关键线索。分析学生的学习习惯，包括自主学习时间、预习复习频率、使用学习工具的偏好等，大数据能洞察学生的学习模式是否高效。例如，如果数据显示某学生每晚花费大量时间学习却成绩不佳，且缺乏系统的预习复习习惯，教师便可据此有针对性地给予学习方法指导。

课堂参与度数据同样重要，大数据可以通过学生在课堂上的发言次数、提问频率、参与小组讨论的活跃度等信息，判断学生的学习积极性与投入度，如果发现某学生近期课堂参与度骤降，可能预示着其学习状态出现问题。

基于这些深入的数据分析，学校能够搭建起功能强大的学业追踪系统。该系统犹如一位不知疲倦的学业卫士，对学生的学业进展进行长期、持续的监控。它实时记录学生的学习动态，从日常作业提交时间、完成质量，到阶段性测验成绩波动，再到参与各类学习活动的表现等，事无巨细。并且，系统能够按照设定的周期，如每周、每月，自动生成详细的学业反馈报告。报告不仅呈现学生当前的学业状态，还能通过数据对比，展示学生学业发展的趋势，是进步显著、平稳前行还是出现下滑。

教师在获取这些反馈报告后，可及时调整教学策略。对于学业进步缓慢的学生，教师可以依据报告中指出的问题，如知识漏洞、学习方法不当等，为其量身定制个性化的辅导计划，增加辅导课时、推荐针对性学习资料、调整教学方法以适应学生的学习节奏。对于学业表现优异的学生，教师可根据反馈结果，为其提供拓展性学习资源，如推荐高难度学术书籍、组织参加学科竞赛等，满足学生的学习需求。通过这样持续的反馈与调整，确保每个学生在学业旅程中都能获得精准、个性化的辅导支持，让学业预警与辅导体系在大数据的支撑下，始终保持高效、科学的运行状态，为学生的学业发展保驾护航。

（二）基于大数据分析的学业辅导流程的持续优化

在教育领域不断追求卓越的征程中，学业辅导流程恰似一部精密的机器，需依据实际情况持续优化，方能高效运转。大数据分析宛如为这部机器注入了智能核心，成为优化过程中不可或缺的重要依据。学校拥有海量的辅导数据，涵盖学生参与辅导的频次、时长，辅导教师采用的各类策略，以及学生在辅导前后的学业表现变化等多方面信息。对这些数据进行深度挖掘与分析，能够为学校开启一扇洞察辅导成效的智慧之窗。

学校可通过大数据分析，精准评估不同辅导策略的有效性。例如，将接受一对一辅导的学生群体与参与小组辅导的学生群体进行对比分析，观察他们在相同时间段内、针对同一学科知识板块的学业成绩提升情况、知识掌握的牢固程度，以及学习态度和自主学习能力的转变情况。通过详细的数据对比，能够清晰地分辨出哪种辅导形式在特定学科、特定学习阶段，对不同学习能力和性格特点的学生更为有效。又如，分析采用传统讲授式辅导策略与融入项目式学习、探究式学习等新型策略的辅导效果，观察学生在解决复杂问题能力、知识迁移运用能力方面的差异，以此判断不同教学策略在提升学生综合素养上的效果。

基于这些数据分析结果，学校便能有针对性地识别出最适合学生的辅导方法。对于那些基础知识薄弱、学习自主性较差的学生，或许一对一的个性化辅导能更好地满足他们查漏补缺、获得及时指导的需求；而对于学习能力较强、渴望拓展思维的学生，小组讨论式辅导搭配项目式学习任务，能够激发他们的创新思维，促使其在交流合作中实现知识的融会贯通。通过这样细致入微的分析与筛选，学校能够逐步改进辅导流程。在辅导教师的分配上，根据学生的需求特点，安排擅长相应辅导策略的教师；在辅导时间的安排上，依据学生在不同辅导形式下的学习效率，合理调整时长与频次；在辅导内容的设计上，紧密结合数据分析得出的学生知识薄弱点与能力提升需求，定制专属的辅导方案。

学校在学业辅导方面经验不断积累，应积极将这些宝贵的反馈机制与行之有效的干预策略纳入学业预警系统中。当系统监测到学生出现学业预警信号时，能够迅速依据过往积累的大数据分析经验，为学生匹配最适宜的辅导策略与干预措施。例如，如果系统发现某学生在数学学科的成绩持续下滑，且课堂参与度较低，通过数据分析历史上类似情况学生的最佳辅导路径，系统可立即为其推荐一对一的基础强化辅导课程，并搭配相应的学习方法指导。如此一来，学业预警系统与学业辅导流程相互融合、协同发展，形成一个更加完善和高效的干预体系，全方位保障学生在学业道路上稳步前行，不断提升学习效果与综合素质。

（三）教育管理团队与学生家长的协同反馈机制

教育管理团队与学生家长的协同反馈机制在学生学业支持系统中发挥着至关重要的作用。有效的协同反馈能够加强学校与家庭之间的沟通，确保学生在学校和家庭环境中都能得到一致的关注与支持，促进学生的全面发展。

1. 定期的沟通与信息共享

教育管理团队与家长之间需要建立定期的沟通渠道，通过定期的家长会、个别谈话、线上平台等方式，及时共享学生的学业表现、心理状态及其他相关信息。学校可以通过学生的学业报告、成绩单、课堂表现等向家长反馈，家长也可以反馈孩子在家庭中的学习态度、作业完成情况等信息。定期沟通不仅让家长了解学生在学校的学习情况，也让学校及时了解学生在家庭中的学习状态，为进一步的学业辅导提供全面的信息支持。

2. 共同分析与问题识别

教育管理团队与家长可以共同分析学生学业问题的根源，识别影响学生学习的因素。这一过程强调学校和家庭的合作，避免单方视角限制了解问题的深度。例如，教师可以帮助家长识别学生在课堂上可能遇到的困难，家长则可以反映学生在家庭中可能面临的压力或情绪波动。通过这种合作分析，教育管理团队和家长能够共同制订更加个性化的辅导方案。

3. 协同制订学业干预方案

在学业预警后，学校和家长应共同参与制订学业干预方案。家长作为学生的直接监护人，了解学生的个性和需求，能够提供有针对性的支持。学校提供专业的学业辅导和心理支持，为家长提供必要的辅导方法和策略。这种协同的方式可以确保干预方案的可操作性与有效性，避免出现某一方过度干预或忽视某一方面的情况。

4. 实时反馈与调整

教育管理团队与家长之间的协同反馈机制还需要包括实时反馈与调整的环节。学校应及时将学生的学业变化反馈给家长，家长在接收到反馈后，可以采取相应措施支持孩子，确保问题得到持续关注。家长也应及时反馈学生在家庭中的学习情况，确保学校能够调整辅导策略，使干预措施更加灵活和适应学生的个性需求。

5. 情感支持与鼓励

协同反馈机制不仅仅是信息的传递与学业问题的解决，还应包含对学生的情感支持与鼓励。家长与学校的协同合作可以帮助学生感受到来自学校和家庭的双重关爱，增强其自信心和归属感。例如，家长和教师可以共同制定奖励措施，鼓励学生在克服学业困难后取得的进步，增强学生的学习动力。

6. 长期跟踪与评估

家长与教育管理团队的协作不应仅限于短期的干预，更应注重长期的跟踪与评估。学校应定期对学生的学业进展进行评估，并将结果与家长分享。家长也可以在家庭学习过程中进行跟踪和反馈，确保学生的学业表现不断得到提升。通过长期的合作，学校和家长能够形成持续的评估网络，为学生的学业成功提供坚实的保障。

第五章　大数据在学生日常管理中的应用

第一节　校园活动参与度的大数据分析

在现代教育管理中，学生的校园活动参与度已成为衡量其综合素质发展的一个重要指标。通过大数据分析，可以更好地了解学生在各类校园活动中的参与情况，并对其学业表现、个性发展等方面进行深度剖析。以下将详细探讨如何通过大数据收集和分析学生参与活动的行为数据。

一、学生参与活动的行为数据收集

要有效分析学生参与校园活动的情况，需要通过数据收集掌握学生的具体参与行为。这些数据包括学生参与活动的类型、频率、时长、深度等维度，为后续的分析提供基础。

（一）活动类型与参与频率的数据采集

学生参与的校园活动类型可以分为多种，如社团活动、志愿服务、学术讲座、体育竞赛、文化活动等。为了深入分析学生的参与行为，学校需要对这些活动进行分类并收集学生参与的具体数据。活动类型的数据采集可以通过学校的学生活动管理系统实现，记录学生每次参与的活动种类和时间。

学生参与活动的频率也是一个重要指标。学校可以通过数据系统追踪学生每月、每学期参与的活动次数，从而了解学生在校期间的活跃程度。例如，通过跟踪学生每学期参与社团活动的次数，学校能够发现哪些学生喜欢参与某一类型的活动，哪些学生参与较少，从而评估其校园生活的丰富程度。

（二）学生参与活动时长与深度分析

除了活动类型和频率外，学生参与活动的时长和深度同样是反映其参与程度和投入程度的关键因素。通过大数据技术，学校可以精确追踪学生在每次活动中的参与时长。例如，学生在某一社团活动中的停留时间、在志愿服务中的工作时长等数据，能反映出学生对活动的投入程度。

在时长的基础上，进一步的深度分析可以揭示学生参与活动的质量。这包括学生在活动中承担的角色、其参与活动的积极性等。例如，学生是否是社团的主要成员，是否担任组织职务，是否在活动中主动参与策划和实施等。这些因素能够有效衡量学生参与活动的深度，反映学生在活动中的责任心、团队协作能力及领导力等综合素质。

（三）活动与学生学业表现的关联性分析

学生参与活动与其学业表现之间的关系一直是教育研究中的热点问题。通过大数据分析，可以深入探讨学生参与校园活动是否对其学业成绩产生积极影响，或者是否存在潜在的负面效应。大数据技术使得这种关联性分析变得更加精准和可操作。

学校可以通过收集学生的学业成绩数据，对其参与活动的数据进行交叉分析。分析的维度包括：参与活动前后的成绩变化，参加不同类型活动的学生在学业上的表现，参与高强度活动的学生是否比参与低强度活动的学生学业表现更好，等等。

学业表现的分析不仅限于学生的课业成绩，还可以结合学生的学习态度、课堂参与情况、情绪管理等因素。例如，学生参加志愿服务活动、社团组织等社会实践活动时，是否能够提升其自我管理能力、时间管理能力，进而有助于学业成绩的提高。通过这些数据的分析，学校可以更好地理解学生课外活动对学业的潜在促进作用，进而调整和优化活动设计，为学生提供更好的支持。

这些数据分析可以帮助学校识别学生在课外活动中获得的技能与学业表现之间的相关性，并为学业辅导提供依据。例如，如果发现参与一定类型活动的学生学业表现明显改善，学校可以鼓励更多学生参与类似活动；相反，如果某些活动对学业有不良影响，学校则可以重新审视这些活动的设置和组织方式。

二、活动参与数据分析与管理策略

随着大数据技术的发展，学校可以通过收集和分析学生参与活动的行为数据，进一步提高校园活动的效果和管理效率。在这一部分将详细探讨活动参与数据分析的不同方面及其管理策略，以实现活动参与的最佳效益。

（一）活动参与度与学业成效的关系研究

学生参与校园活动是否能对其学业成效产生积极影响，一直是教育领域的一个关键问题。通过大数据分析，学校能够更准确地探索活动参与度与学业表现之间的关系，并为未来的教育干预提供科学依据。

活动参与度与学业成效的关系研究要依赖对大量学生数据的收集与分析，包括学生的学业成绩、参与活动的次数、参与时长以及活动类型等。学校可以通过比对参与高频活动的学生与低频活动的学生在学业上的差异，得出是否存在正相关性。例如，参与志愿服务、学术讲座或体育运动等活动的学生，其学业成绩是否普遍较好，或是否能够更有效地做好学习与课外活动之间的平衡。

学生参与活动的质量也是非常重要的参考要素。高质量的活动（如领导角色、组织策划等）会比低质量活动更能对学生的学业表现产生积极影响。通过分析学生在不同类型活动中的投入和学业成效，学校可以发现哪些类型的活动对学生的学业有较大促进作用，进而为学生提供更有针对性的活动建议。

（二）活动效果的评估与数据支持

活动效果的评估是对学生参与活动后效果的全面评估，包括学业成绩的变化、学生的情绪管理、团队协作能力等软技能的发展。大数据技术为活动效果的评估提供了强大的支持，学校可以基于学生的参与数据与各类评估指标，进行更加精准的分析。

评估活动效果需要明确衡量标准。除了学生学业成绩的变化，学校还可以通过学生自评、教师评价和同伴评价等多维度的评价方式，全面评估学生参与活动后的成长，如评估学生在活动中的领导能力、时间管理能力、合作精神等。通过大数据技术，学校可以建立一个多维度的评估模型，实时跟踪学生在活动中的表现，并根据数据调整评估标准。

学校可以通过对比参与活动前后的学生数据，分析活动对学生学业及个人成长的影响。通过数据支持，学校可以对不同类型的活动效果进行量化分析，如分析参与体育活动的学生在体能、心理素质及学业上的变化，或者分析参与社团活动的学生在社交能力、创新能力等方面的提升。通过这种数据支持，学校可以得出更加精准的活动效果评估，并根据评估结果进行活动的优化。

学校可以通过这些数据分析识别哪些活动最能促进学生的全面发展，并为其他学生提供参与建议。这样，活动效果评估不仅有助于改进现有活动设计，也为学生提供了科学的活动选择参考，增强了学校活动管理的针对性和精准性。

（三）基于数据的活动优化与个性化推荐

随着大数据技术的不断发展，学校可以基于对活动数据的深度分析，优化现有活动设计，并为学生提供个性化的活动推荐。通过数据分析，学校可以更好地了解学生的兴趣爱好、参与偏好、学业状况等，为他们推荐最合适的校园活动，从而最大程度提升活动的效果和学生的参与度。

学校可以通过对学生参与活动数据的分析，了解不同学生群体的需求。

通过分析学生的兴趣与活动参与记录，学校能够为学生量身定制个性化的活动推荐。例如，对于成绩较好且兴趣广泛的学生可以推荐参加学术讲座或国际交流项目，对于在学术上需要帮助的学生则可以参与到辅导性质的活动中，如学术交流会或学习小组。

学校还可以基于学生的学业表现、性格特点、心理需求等维度，调整活动的个性化推荐。通过数据分析，学校能够发现某些学生的学业表现与特定类型的活动（如体育、艺术或社交活动）之间的关联性，从而为他们提供更合适的活动建议。这样，学生能够在合适的活动中得到更多的支持和提升，进一步提高学业和个人能力。

基于大数据的活动优化不仅仅是对活动推荐的个性化，还包括对活动设计本身的优化。例如，学校可以分析学生在活动中的参与时长、深度以及反响，评估不同活动的效果，从而优化活动的形式和内容。在此过程中，如果某一类活动普遍受到学生的欢迎并有助于他们提升某项技能，学校可以将该活动规模化，或者开设更多类似的活动。

三、学生兴趣与活动参与度的提升

学生的兴趣是参与校园活动的重要驱动力。为了提升学生的参与度，学校需要通过科学的活动设计和数据支持，为学生提供既符合其兴趣又能促进其全面发展的活动选择。以下将详细讨论如何通过兴趣导向的活动设计、学生自主选择以及个性化推送，来提升学生的活动参与度。

（一）兴趣导向的活动设计与推荐

兴趣导向的活动设计是提高学生参与度的关键。学生的兴趣直接决定了他们在活动中的投入程度和持续性，因此学校在设计活动时，需要根据学生的兴趣偏好，提供多样化且具有吸引力的活动选项。

学校可以通过调查问卷、兴趣测试、个别咨询等方式，收集学生的兴趣数据。这些数据包括学生对不同学科、体育、艺术、社交活动等领域的兴趣程度。基于这些信息，学校可以设计出多元化的活动方案，确保活动内容丰富且符合学生的兴趣。例如，艺术兴趣较强的学生可以参与到绘画、音乐、舞蹈等相关活动，而对科技感兴趣的学生则可以参与到编程、机器人制作等活动中。

学校可以根据学生的兴趣推荐特定的活动。例如，系统可以根据学生的兴趣记录，自动推送相关活动的信息，使学生能够更容易发现与自己兴趣相匹配的活动。通过兴趣导向的活动设计和推荐，学校不仅能够提高学生的参与度，还能激发学生更高的学习热情和创作动力。

兴趣导向的活动设计有助于学生在参与过程中感受更高的自我价值和成就感，这种积极的情感体验会激励学生更主动地参与各类活动，进而提升其校园生活的满意度和参与度。

（二）学生自主选择与活动参与的关系

学生的自主选择在提升活动参与度方面具有重要作用。研究表明，当学生能够自主选择参与的活动时，他们对活动的投入度和参与意愿通常更高。学校应当充分考虑学生的自主选择权，减少强制性要求，使学生能够在广泛的活动选项中根据自身的兴趣和需求做出选择。

学校可以提供丰富的活动选项，涵盖不同领域的兴趣和需求。学生可以根据个人兴趣自由选择参与的活动，而不必被迫参与某一类型的活动。这种自主选择能够增强学生对活动的认同感和归属感，避免因活动设计单一而导致学生缺乏动力和热情。

学生自主选择也能够激发他们对活动的深入参与。当学生对某个活动产生兴趣并主动选择时，他们更有可能投入更多时间与精力，从而在活动中获得更多的成长。例如，一些学生可能因对某种运动项目有兴趣而主动报名参加体育竞赛，通过积极参与，他们不仅能提高身体素质，还能增强团队合作与竞争意识。

学校还应鼓励学生根据个人的兴趣与发展目标，选择与自己未来职业规划相关的活动。这种选项可以帮助学生通过参与有针对性的活动，提升特定领域的能力，从而为未来的职业生涯打下坚实基础。

（三）个性化活动推送与学生发展需求相结合

个性化活动推送是基于学生兴趣、性格特点、学业表现等多个维度，向学生推荐最合适的活动类型，从而实现活动参与的精准化和学生全面发展的目标。大数据技术为个性化活动推送提供了有力的支持，通过分析学生的各类数据，学校可以根据学生的具体需求为其量身定制推荐活动。

学校可以通过收集学生的兴趣、学习习惯、参与记录等数据，了解学生的兴趣倾向和发展需求。例如，一些学生可能对学术活动感兴趣，而另一些学生可能更偏向社交或体育类活动。通过大数据分析，学校能够识别学生的需求并基于此推送相关活动。个性化推送可以让学生在繁忙的学业生活中，轻松找到既符合兴趣又能促进个人发展的活动，从而提高参与积极性。

个性化活动推送不仅关注学生的兴趣，还要结合其学业和心理发展需求。例如，成绩较低的学生可能需要一些补习类、辅导性质的活动，而成绩优异的学生则可以推荐参与挑战性较大的学术竞赛、创新项目等活动。学校还可以通过数据分析，识别学生在情感或心理方面的需求，如缺乏自信的学生可以参与一些团队合作活动，帮助其提升社交能力和自我认同感。

第二节　学生心理健康状况的大数据监测

随着心理健康问题在学生群体中的日益突出，学校越来越重视通过大数据技术对学生心理健康状况进行监测。通过系统化的数据收集和分析，学校能够及时发现学生心理健康问题，采取适当的干预措施。以下是学生心理健康数据采集与监测的具体方法与技术手段。

一、心理健康数据的采集方法与手段

学生心理健康数据的采集是监测心理状况的基础。为了确保数据的全面

性和准确性，学校需要采用多种方法与手段，通过多维度的数据来源对学生的心理健康状况进行深入评估。

（一）心理健康问卷与数据采集的常规方法

心理健康问卷是目前最常见的心理健康数据采集工具。通过定期发放标准化心理健康问卷，学校可以快速了解学生的心理状况。这些问卷通常包括一系列针对心理健康、情绪波动、压力管理、社交能力等方面的评估问题，能够帮助学校全面了解学生的心理健康状况。

常见的心理健康问卷包括心理健康自评量表、情绪状态量表、焦虑和抑郁量表等。这些量表采用标准化的题目与评分方式，可以量化学生的心理状况，并通过得分高低判断学生是否存在心理健康问题的潜在风险。

数据采集方法通常包括在线问卷调查和纸质问卷两种形式。在线问卷不仅可以实现大规模的快速数据收集，还能通过自动化工具进行数据处理与分析，节省人工成本。纸质问卷通常用于一些特殊场景，如学生网络不畅或信息安全需求较高的情况。

通过定期或随机发放心理健康问卷，学校能够建立学生的心理健康档案，跟踪学生心理健康变化趋势，从而及时采取干预措施。

（二）心理健康监测技术与工具的应用

除了传统的问卷调查，心理健康监测还可以借助一些现代技术工具，以更加精确和实时的方式进行。例如，智能设备和应用程序（如手机 App、心理健康监测仪等）可以帮助学校实时监控学生的心理健康。这些常见的工具可以通过学生的行为数据进行心理健康分析。例如，智能手表或手机应用可以监测学生的生理数据（如心率、睡眠质量、运动量等），这些数据能够反映学生的身体和心理状况。研究表明，心率波动、睡眠时间和质量等生理数据与心理健康状况有着密切的关系。通过收集这些数据，学校可以实时跟踪学生的生理和心理状态，发现可能的异常迹象（如压力过大、焦虑情绪等），并根据情况提供及时的心理支持。

一些心理健康监测平台还采用自然语言处理（NLP）技术，分析学生在社交媒体、在线学习平台上的语言使用情况，通过情感分析评估学生的情绪波动。例如，学生在社交媒体上的负面情绪表达可能是心理健康问题的一个信号。通过这种技术手段，学校可以在学生表达出心理困扰之前，便识别出潜在的心理健康问题。

（三）日常行为与心理状态的实时跟踪

除了定期的心理健康问卷和技术工具的应用，日常行为和心理状态的实时跟踪也是学生心理健康监测的重要手段。通过建立全面的数据采集系统，学校可以持续收集学生的日常行为数据，从而更好地了解学生的心理状况。

例如，学校可以通过学生在课堂上的表现、课外活动参与情况、社交互动频率等行为数据来间接了解其心理状态。如果学生在课堂上表现出明显的注意力不集中、情绪低落，或是缺乏参与活动的兴趣，可能预示着其心理状态出现了问题。通过这种日常行为数据的跟踪，学校能够发现心理问题的早期迹象，及时提供帮助。

学生与教师、同学之间的互动也是心理健康的重要指标。如果学生存在孤立或排斥现象，或者与同学的关系紧张，可能预示着其存在一定的心理困扰。学校可以通过日常观察与互动数据收集，及时发现学生在社交方面的困难，并给予必要的心理辅导。

实时的行为数据跟踪不仅可以帮助学校及时识别学生心理健康的变化，还能够提供个性化的干预策略。例如，针对经常缺课、情绪波动较大的学生，学校可以优先提供心理咨询服务或调整其学习与活动安排。

二、心理健康数据分析与预警模型

随着大数据技术的迅速发展，学生心理健康的监测和干预也越来越依赖数据分析与预测模型。通过对心理健康数据的分析，学校可以建立有效的预警机制，及时识别学生的心理健康问题，并采取相应的干预措施。以下是心理健康数据分析与预警模型的主要组成部分。

（一）学生心理健康状态评估指标设计

心理健康状态评估是预警模型的基础。为了准确评估学生的心理健康状况，学校需要设计科学的评估指标，涵盖学生心理健康的各个方面。评估指标的设计应当具有全面性、准确性和可操作性。

1. 心理健康量表

心理健康评估首先依赖于标准化的心理健康量表，这些量表包括情绪、行为、认知、社交等多个方面。常用的评估工具如焦虑量表、抑郁量表、压力评估量表、自我认知量表等，可以帮助评估学生是否存在心理健康问题及其严重程度。

2. 生理数据指标

生理数据（如心率、睡眠质量、体重变化等）也可以作为学生心理健康状况的评估指标。生理指标能够反映学生的压力、焦虑和睡眠问题。例如，长期失眠、心律不稳等生理数据可能与心理健康问题（如抑郁症、焦虑症等）存在关联。

3. 行为数据指标

学生的日常行为数据，如出勤率、社交互动频率、课堂参与度等，也能为心理健康评估提供重要参考。如果学生表现出明显的行为变化，如上课频繁缺席、活动参与度下降、社交障碍等，这可能是其心理健康出现问题的信号。

4. 情绪波动指标

通过学生的情感表达、语音分析或写作分析等，教育者可以评估学生情绪波动的程度。情绪波动较大、频繁的负面情绪表现可能表明学生在情绪调节上存在困难，进而可能影响其整体心理健康状况。

（二）基于大数据的心理问题预测模型

基于大数据的心理问题预测模型通过对学生的历史数据进行深度分析，

预测潜在的心理健康问题。利用机器学习、人工智能等技术，学校能够构建预测模型，自动发现心理健康的隐患，并提前发出预警。

1．数据整合与清洗

预测模型首先需要对大量的心理健康数据进行整合和清洗，包括问卷数据、行为数据、社交互动数据、心理咨询记录等。清洗后的数据将用于后续的模型训练和分析。

2．机器学习模型

在收集并整理好学生的各类数据后，学校可以运用机器学习算法（如回归分析、决策树、支持向量机等）来构建预测模型。这些算法通过对学生的多项心理健康相关数据进行训练，能够预测哪些学生可能出现心理健康问题。模型还能够根据学生的变化趋势判断其心理健康的严重程度，并提前发出预警。

3．多变量分析

由于学生的心理健康状况受到多种因素的影响，预测模型应考虑多个变量的交互作用。例如，情绪波动、学业压力、社交困扰等因素可能共同作用，导致学生出现焦虑或抑郁等问题。通过对这些变量的深度分析，模型能够更准确地预测心理问题的发生。

4．预测与干预结合

一旦预测模型识别到某些学生存在心理健康风险，学校可以通过自动化的系统生成干预建议。例如，对于有抑郁倾向的学生，系统可以建议其接受心理咨询，或者参加情绪管理课程。模型不仅可以帮助学校发现潜在问题，还能根据预测结果提供个性化的干预方案。

（三）数据模型的精确性与实时反馈机制

数据模型的精确性和实时反馈机制对于预警模型的效果至关重要。如果模型的预测准确度不高，或者反馈不及时，那么其预警作用将大打折扣。在数据模型设计与实施过程中，精确性和实时性是关键考虑因素。

1. 模型精确性

为了提高模型的精确性，学校应定期对数据进行更新并对模型进行调整。随着时间的推移，学生的心理健康状况和行为模式可能会发生变化，因此需要持续监测和调整预测模型。模型的准确性还取决于数据的质量与多样性。如果数据采集不全面、存在偏差或过时，预测模型的准确性将受到影响。确保数据的高质量、全面性和时效性是提升模型精确性的前提。

2. 实时反馈机制

在大数据支持下，实时监测和反馈机制能够及时发现学生心理健康问题，并提供即时的干预支持。例如，学校可以设置实时警报系统，当学生的心理健康状态出现突发变化（如焦虑水平显著升高）时，系统会立刻向心理教师、班主任等相关人员发出警报。此时，相关人员可以立即采取措施，如安排心理咨询或紧急干预，避免心理问题进一步恶化。

3. 动态调整与反馈

预测模型不仅应提供即时反馈，还应具有动态调整的功能。根据学生心理健康状况的实时变化，反馈机制应该允许学校根据具体情况调整干预策略。例如，当检测到学生处于轻度焦虑状态时，模型可能推荐低强度的干预措施，但如果学生情况没有改善，后续模型应该能够升级干预方案，增加干预的强度或频率。

4. 个性化反馈与指导

除了普遍的干预建议，模型还应能够为每个学生提供个性化的反馈。例如，对于压力大的学生，模型可以建议参加特定的减压活动；对于情绪波动较大的学生，模型可以推荐情绪调节训练课程。个性化反馈不仅能够提高干预效果，还能增强学生的参与感和信任感。

三、心理健康干预策略与管理优化

心理健康干预策略是学校心理健康管理的重要组成部分，通过制定有效的干预措施，学校能够及时帮助学生缓解心理压力、克服心理困扰，促进学生心理健康的持续发展。结合大数据和精准管理，学校可以更加科学和个性化地开展心理健康干预工作。以下是心理健康干预策略与管理优化的主要内容。

（一）早期干预机制与预警系统的应用

早期干预是防止学生心理问题进一步恶化的关键。通过建立健全的预警系统，学校能够在学生的心理健康状况出现问题的初期及时发现并采取措施。

1. 建立全员参与的心理健康预警系统

心理健康预警系统应当涵盖全校师生的参与，建立信息共享平台。教师、家长等各方都应当在学生心理健康的预警中发挥作用。例如，教师通过日常观察学生的情绪变化、行为表现等，能够为心理教师提供有效的线索；家长则能够提供孩子在家庭环境中的表现，帮助学校全面了解学生的心理状态。

2. 多元化数据采集与分析

早期干预机制离不开数据的支持。学校可以通过多渠道的数据采集（如心理健康问卷、行为数据、学业成绩、社交互动等）建立学生的心理健康档案。通过大数据分析技术，学校能够识别有潜在心理困扰的学生，及时发出预警并采取相应的干预措施。例如，机器学习算法能够通过对学生情绪波动、学习压力等数据的分析，预测可能出现的焦虑、抑郁等心理问题。

3. 及时反馈与干预

一旦系统发出预警，学校应当及时为学生提供干预方案。这些干预措施包括定期的心理辅导、情绪管理培训、适应性支持等。针对学生的具体情况，教师应进行个性化的干预，并密切关注学生的心理变化。学校还可以引导学生参与一些减压活动，如冥想、瑜伽、运动等，帮助学生更好地调节情绪。

（二）心理辅导与心理健康课程的优化

心理辅导和心理健康课程是帮助学生提升心理健康水平的重要途径。为了使这些辅导和课程更加高效，学校应根据学生的实际需求和时代发展对其进行优化。

1. 个性化心理辅导

每个学生的心理健康问题各不相同，心理辅导应当根据学生的个性特点和心理需求提供个性化的支持。对于有严重情绪问题的学生，教师可以采取一对一的深入辅导，帮助学生解析情绪根源，制定情绪调节策略；对于那些有社交焦虑或自卑情绪的学生，教师可以通过小组辅导、角色扮演等方式增强学生的自信心和社交能力。

2. 整合心理健康课程

学校应定期开设心理健康课程，帮助学生提升情绪调节、压力管理、人际交往等方面的能力。课程内容不仅要涵盖心理健康的基本理论知识，还应结合实际案例和实践活动，增强学生对心理健康的认知和实际操作能力。课程的设计应具有趣味性和互动性，避免过于枯燥，使学生能够在轻松的氛围中学到有效的心理调节技巧。

3. 线上与线下结合的辅导模式

传统的线下心理辅导有时受制于时间和空间的限制，学校可以采用线上线下结合的方式，扩大辅导覆盖面并提高辅导效率。在线平台可以提供 24 小时的心理健康咨询、情绪疏导、在线心理测试等服务，学生能够在自己方便的时候随时获得心理支持。线上平台也可以为学生提供自助学习的资源，如心理健康讲座、冥想课程等，帮助学生在生活中自主管理心理健康。

4. 加强心理健康文化建设

除了个性化辅导和课程设置，学校还应营造浓厚的心理健康文化氛围。例如，定期举办心理健康主题的讲座、心理沙龙、电影放映等活动，提升学生对心理健康问题的关注度。通过这种方式，学生可以在轻松的氛围中意识到心理健康的重要性，培养积极向上的心理素质。

（三）数据驱动的个性化心理干预方案

在大数据的支持下，学校可以为每个学生提供更加个性化的心理干预方案，以确保每个学生都能得到符合其需求的干预措施。

1. 数据分析与干预方案匹配

通过学生的行为数据、心理评估问卷结果以及心理健康历史数据，学校可以建立个性化的干预档案。当系统识别到某个学生存在心理健康问题时，基于其个人信息，学校可以为其量身定制干预方案。例如，对于焦虑症倾向较强的学生，方案中可能包括放松训练、认知行为疗法（CBT）等针对性干预措施；对于长期处于低落情绪状态的学生，则可以推荐情绪调节和自我认知改善的训练课程。

2. 动态调整的干预策略

学生的心理状态是动态变化的，个性化的心理干预方案也应当是动态调整的。通过大数据的实时监测，学校可以定期对学生的心理健康状况进行评估，并根据评估结果调整干预方案。例如，如果学生的焦虑情绪有所缓解，但抑郁症状依然明显，那么干预方案可能需要重点调整为情绪支持和行为激励等。

3. 多学科协同合作

个性化的心理干预方案不仅仅局限于心理教师的工作，还应当整合其他学科的支持。例如，对于学业压力较大的学生，可以通过学科教师和心理教师的共同合作，采取减轻课业负担、提高时间管理能力和情绪调节能力的综合干预方案。家庭支持也是个性化干预的重要部分，通过与家长沟通，形成家校合力，帮助学生克服心理困扰。

4. 持续跟踪与效果评估

个性化干预方案的效果评估也至关重要。学校应通过定期的数据更新和心理健康评估，跟踪干预方案的效果。如果干预效果不理想，学校应及时调整干预措施，保证干预方案的长期有效性和精准性。

第三节　宿舍管理中的大数据应用与优化

随着信息技术的发展，宿舍管理已逐渐从传统的人工管理向数据驱动的智能化管理转变。大数据技术为宿舍管理提供了更精准的分析和优化手段，通过数据的收集、分析和应用，学校可以提高宿舍管理的效率和质量，营造更加和谐、安全的住宿环境。以下是宿舍管理中的大数据应用与优化策略。

一、宿舍管理数据的收集与分析

大数据技术为宿舍管理提供了多维度的分析工具，通过对学生住宿条件、生活习惯、安全问题等方面数据的收集与分析，学校能够更好地了解学生的需求，优化宿舍管理。

（一）住宿条件与学生生活习惯的统计分析

1. 住宿条件分析

通过数据分析工具，学校可以详细统计学生的住宿条件，包括宿舍的设施配置、空间利用率、环境卫生等信息。例如，分析每个宿舍楼的面积分布、床位数、空调使用情况、公共区域的清洁程度等，能够帮助学校了解宿舍的硬件条件是否满足学生的需求，是否存在设施老化、破损等问题。

2. 学生生活习惯分析

通过智能化的管理系统（如宿舍门禁系统、温湿度传感器等）收集学生的生活习惯数据。例如，分析学生的作息时间、用电量、洗浴时间等，能够帮助学校了解学生的日常作息模式，进而优化宿舍管理。例如，某些宿舍楼的学生可能存在空调、洗浴设施过度使用的现象，学校可以通过数据分析找出原因，并提出节能或调整管理策略的建议。

3. 个性化管理与服务

通过对住宿条件和学生生活习惯的深入分析，学校可以为学生提供更为个性化的服务。例如，学生如果频繁使用夜间空调，宿舍管理方可以提出合理的空调使用时间建议，甚至通过智能温控系统进行自动调节，减少能源浪费，同时保证学生的舒适度。

（二）宿舍安全问题与管理数据监控

1. 安全事件数据监控

宿舍安全管理是学校日常管理的重要内容。通过大数据分析，学校可以对宿舍区的安全事件进行实时监控。例如，通过智能监控系统、门禁记录、火灾报警器等设备的数据，及时发现异常行为或潜在安全隐患，如学生私拉乱接电线、宿舍内电器过载等问题，进而采取必要的预警和处理措施。

2. 安全隐患预测与预警

通过收集各类安全管理数据，学校可以建立安全隐患预测模型。例如，分析历史安全事故、设施损坏数据和学生行为数据，识别出可能存在的高风险宿舍区域或学生群体。基于这些数据，学校可以提前采取预防措施，减少安全事件的发生。

3. 宿舍区域安全管理

通过宿舍区域的实时监控系统，学校能够进行 24 小时不间断的安全监管。通过对数据的实时分析，及时发现异常情况并发出警报，确保学生的住宿环境安全。例如，夜间宿舍出现多次开门记录，系统可自动提示宿舍管理员进行检查，防止外来人员进入。

（三）宿舍文化建设与学生情感归属感的分析

1. 学生情感分析

通过学生的社交行为数据、心理健康数据等，学校可以分析学生在宿舍中的情感归属感。例如，学生是否经常参与宿舍内的集体活动，是否有孤立或抑郁的情绪等。大数据可以帮助学校了解学生的情感状态，进而优化宿舍文化建设，增强学生的归属感。

2. 宿舍文化建设优化

基于学生情感数据和社交行为数据，学校可以设计更具吸引力的宿舍文化活动。例如，通过分析学生的兴趣爱好、活动参与度等，学校可以举办更符合学生需求的活动，如宿舍文化节、团建活动等，促进学生之间的互动与合作，增强集体感。

3. 宿舍文化与学业氛围的联动

宿舍文化不仅影响学生的情感归属感，也与学业氛围紧密相关。通过数据分析，学校可以发现学生的学业表现与宿舍文化之间的关系。例如，某些宿舍楼的学生学习氛围较好，可能与宿舍内定期举办学习讨论会、作业分享等活动相关。学校可以借此优化宿舍文化建设，提升宿舍的学习氛围。

二、宿舍环境与管理的优化策略

为了提升宿舍管理的效率和质量，学校可以根据数据分析结果实施一系列优化策略。这些优化措施不仅提高了学生的住宿体验，也帮助宿舍管理更加智能化、精细化。

（一）学生反馈与宿舍设施的改进

1. 反馈机制建立

学校应建立系统化的学生反馈机制，通过定期的问卷调查、在线反馈平台等渠道收集学生对宿舍设施、环境、管理等方面的意见。通过数据分析，学校能够识别出学生最关注的宿舍问题，并及时进行改进。

2. 设施改进与升级

基于学生反馈的数据，学校可以优化宿舍的设施配置和管理方式。例如，如果学生反馈宿舍内的热水供应不足，学校可以增加热水器的容量或调整供应时间；如果学生反映宿舍内噪声大，学校可以采取措施减少噪声源，如安装隔音设施等。

3. 智能化管理系统

通过数据分析，学校可以优化宿舍管理的工作流程。引入智能化管理系统，如自助报修系统、宿舍调度系统等，可以减少管理人员的工作量，提高服务效率。通过数据记录，宿舍管理方能够实时跟踪每个设施的使用情况，及时做出维修与调整。

（二）宿舍服务质量与学生满意度的跟踪

1. 服务质量监控与评估

通过数据监控，学校可以实时评估宿舍服务质量的变化。例如，通过对宿舍清洁、设施维修、服务响应等方面的数据分析，学校能够评估服务质量，发现潜在问题并及时改进。通过这种持续的监控与评估，学校能够提升宿舍服务的整体质量。

2. 学生满意度调查与分析

通过定期的满意度调查，学校可以收集学生对宿舍服务质量的反馈。这些数据可以帮助学校了解学生的需求变化、满意度波动等，从而优化服务。例如，宿舍管理员可以根据调查结果调整服务内容，如提供更加细致的清洁服务、增加公共区域的娱乐设施等。

3. 智能化服务推送

根据学生的反馈数据和住宿行为数据，学校可以实现个性化的服务推送。例如，如果某些学生频繁反馈宿舍无线网络不稳定，学校可以自动推送宿舍网络升级信息，或者为有特殊需求的学生提供定制化的服务方案。

（三）宿舍安全管理的智能化与数据化

1. 智能监控与预警系统

通过大数据技术，学校可以建立更加智能化的安全管理系统。宿舍区可以安装智能监控摄像头、门禁系统、火灾报警器等设备，通过实时数据采集和分析，学校能够快速响应安全事件并及时处理。例如，系统可以监控到宿舍内的电器使用情况，并对过载或高风险行为进行自动报警。

2. 行为数据分析与安全干预

通过对学生的行为数据进行分析，学校可以发现潜在的安全隐患。例如，通过分析学生进出宿舍的时间、频率等数据，可以发现某些不正常的行为（如深夜有不明人员进入宿舍），从而进行安全干预。

3. 实时安全反馈与应急响应

一旦系统检测到异常情况，学校可以通过实时反馈机制迅速采取措施。例如，当检测到宿舍内发生火灾时，系统可以立即发出警报，自动通知宿舍管理员、消防人员，并启动紧急应对方案，最大限度地保障学生的安全。

三、宿舍数据在日常管理中的应用

宿舍管理的日常运营中，大数据技术可以通过实时数据采集、分析与反馈，帮助学校优化管理策略，提高管理效率，增强学生的住宿体验。

（一）基于大数据的宿舍人群管理与调度

1. 人群分布与调度优化

宿舍人群的管理需要根据学生的住宿情况、行为习惯、需求等因素进行合理的调度。例如，通过数据分析学生的住宿需求高峰期，学校可以合理调配宿舍资源，确保每个学生都能得到适当的住宿安排。

2. 住宿数据分析与空床位优化

通过宿舍的实时入住数据，学校可以对空床位进行优化配置。例如，如果某个楼栋的床位长期空置，学校可以调整床位分配，减少资源浪费，并为需要住宿的学生提供更多选择。

（二）学生行为与宿舍规则执行的反馈

1. 宿舍规则执行监督

通过宿舍内的监控数据、门禁记录等，学校可以实时监控学生的行为是否符合宿舍管理规定。例如，学生是否按时回宿舍、是否在宿舍内进行违规活动等。基于数据反馈，学校可以及时采取措施，纠正违规行为，保证宿舍管理的规范性。

2. 行为模式分析与规章制度优化

通过对学生行为数据的分析，学校可以发现宿舍管理规则的不足之处。例如，如果大量学生反映某些宿舍规章过于严格，导致不便，学校可以根据数据反馈优化规则，提升学生的满意度。

（三）宿舍文化建设与学风塑造的联动分析

1. 宿舍文化活动与学风的关联

通过数据分析学生参加宿舍文化活动的情况，学校可以了解这些活动对学风建设的影响。例如，某些宿舍文化活动可能促进了学生的学术氛围，学生的学业成绩和作业完成情况得到改善，学校可以根据这些数据调整和优化宿舍文化活动。

2. 学风塑造与宿舍环境的互动

宿舍环境的建设不仅影响学生的生活质量，也对学风产生影响。通过数据分析宿舍环境、管理策略与学业成绩之间的关系，学校可以实现宿舍环境和学风塑造的联动优化，创建更有利于学生成长的学习与生活空间。

第四节 学生安全管理的大数据支持与保障

学生安全管理是学校管理中的重要组成部分，确保学生的身心安全是学校的首要责任。随着大数据技术的飞速发展，学校可以通过数据采集、分析、预警与应急响应等手段，提升学生安全管理的智能化、精准化水平，增强校园安全保障。以下是学生安全管理中大数据的具体应用与保障策略。

一、学生安全管理数据的采集与应用

通过大数据技术的应用，学校能够实现全面、实时、精准的学生安全管理。数据采集为安全管理提供了强有力的支持，帮助学校在不同领域提高管

理水平，预防潜在的安全隐患。

（一）学生位置追踪与安全事件数据收集

1. 位置追踪技术应用

通过校园内安装的智能门禁系统、定位系统、无线网络等，学校能够实时追踪学生的位置。尤其是在紧急情况下，学校可以快速了解学生的具体位置，及时采取措施。位置追踪技术不仅可以防止学生走失，还可以在突发事件中为应急响应提供关键数据。

2. 安全事件数据收集

利用各类传感器、摄像头、门禁数据等手段，学校可以采集到各类与安全相关的数据。这些数据包括学生的出入记录、活动频率、宿舍区域的人员流动、公共区域的安全状况等。通过分析这些数据，学校可以识别潜在的安全隐患，如不明人员频繁出入、异常时间段活动等。

3. 学生健康与安全数据整合

健康数据也是学生安全管理的重要组成部分。通过健康监测设备，学校能够收集学生的健康数据（如体温、心率等）并结合其他安全事件的数据，发现学生因健康问题引发的突发安全事件，进行及时干预。

（二）校园环境与安全隐患的评估

1. 校园环境评估

通过安装环境监测设备（如空气质量监测、温湿度监控等），学校能够实时掌握校园内的环境条件。这些数据可以帮助评估校园环境是否存在影响学生健康和安全的因素，如空气污染、温湿度过高等。

2. 安全隐患评估

通过对校园基础设施（如教学楼、电力设施、消防设施等）的实时监控数据分析，学校可以评估是否存在安全隐患。大数据能够帮助学校发现隐患的早期迹象，如电力设备的过载、火灾隐患的增加等。

3. 历史数据分析与隐患预警

通过分析历史的安全事件数据，学校能够识别高风险区域或高风险行为。例如，如果某些区域曾经发生过多起火灾事故，学校可以依据历史数据加强该区域的安全措施，避免事故的再次发生。

（三）学生安全行为与意识的分析

1. 学生行为数据分析

通过收集学生的日常行为数据，包括课程安排、课外活动参与、外出记录等，学校可以分析学生是否存在高风险行为。例如，长时间夜间外出、频繁参加高风险活动等，都可能增加学生的安全风险。通过数据分析，学校可以进行干预，提醒学生注意安全。

2. 学生安全意识分析

通过调查问卷、访谈等形式，学校可以收集学生的安全意识数据。这些数据能够揭示学生对安全问题的认知水平和重视程度。例如，某些学生可能没有充分意识到防火、防盗等安全知识的必要性，学校可以通过数据反馈设计相应的安全教育活动。

3. 安全行为变化与干预效果评估

通过对学生安全行为的动态跟踪，学校能够评估安全教育、宣传活动的效果。例如，某些学生群体经过一段时间的安全教育后，其外出行为趋于规律，学校可以依据数据调整教育策略，优化干预措施。

二、学生安全风险预警与应急响应

大数据不仅可以帮助学校识别和分析潜在的安全隐患，还能够在突发事件发生前通过预警系统提供及时警告，提前采取应急措施，最大限度减少损失。

（一）校园突发事件的预警模型构建

1. 预警模型的基础数据收集

通过整合学生出入记录、行为数据、环境数据等多维度信息，学校能够为预警模型提供数据支持。例如，通过分析学生的外出时间和频率，配合校园内安全监控数据，可以建立预测模型，判断哪些学生可能会出现高风险行为。

2. 突发事件预警机制设计

通过对历史数据的深入分析，学校可以识别某些特定行为模式或环境条件与突发事件的关联。例如，某些突发事件可能在特定的时间段或特定的环境条件下更容易发生。基于此，学校可以通过构建智能预警模型，在突发事件发生前采取措施，降低风险。

3. 智能预警系统的实现

结合大数据与人工智能，学校可以实现更精准的风险预警。例如，当系统检测到异常数据（如学生凌晨外出、宿舍内有未授权人员等），系统可以立即发出警报，通知学校安全管理人员采取干预措施。

（二）基于大数据的应急响应机制优化

1. 应急响应流程的自动化与智能化

大数据技术能够为应急响应提供实时信息，帮助学校制定智能化的应急处理流程。例如，系统在监测到突发事件时，可以自动调动安全人员、通知相关部门，甚至通过智能设备自动执行一定的安全处理操作，如关闭某些区域的电力供应、启动灭火设备等。

2. 应急资源调度优化

大数据还可以为应急响应提供资源调度支持。例如，在火灾等紧急情况下，系统可以实时分析现场人员分布、设备状态等信息，优化资源的配置，如引导学生快速撤离、指挥消防队员到达最需要的地点等。

3. 多方联动与数据共享

学校还可以通过与地方政府、消防部门等多方机构的数据共享，实现应急响应的协同合作。在突发事件发生时，学校可以快速与相关部门共享现场数据，确保各方协同配合，提高应急响应的效率。

（三）多维度安全数据的联合分析与判断

1. 多维数据整合

大数据技术能够将来自不同来源的数据（如门禁数据、行为数据、环境监测数据、历史安全事件数据等）进行整合，从而更全面地评估安全风险。例如，门禁数据与行为数据结合，可以判断学生是否存在危险行为；环境监控数据与历史事件结合，能够识别高风险区域。

2. 智能分析与预测

通过对多维度数据的联合分析，学校能够更加精准地预测潜在的安全事件。例如，通过分析天气数据、学生活动数据与历史安全事件数据的结合，可以预测极端天气可能产生的安全隐患，并提前采取预防措施。

3. 动态判断与实时决策

大数据不仅可以帮助学校预测安全风险，还能够提供实时的决策支持。例如，结合多维度数据，系统能够实时判断当前的安全风险等级，并为校方提供相应的应急响应方案。学校管理人员能够通过系统提供的数据快速做出决策，有效降低安全事件的发生概率。

三、学生安全管理的技术支持与实践

在学生安全管理中，技术的应用不仅限于数据采集和分析，还涉及智能监控、风险管理等多个方面，为学生的安全提供全方位的保障。

（一）大数据支持下的学生安全行为分析

1. 行为模式识别与预测

通过大数据技术，学校能够对学生的日常行为进行分析，识别潜在的风险行为。例如，分析学生的出入记录、课程选择、课外活动等，能够发现异常行为，提前做出预警，并进行干预。

2. 行为数据与安全风险的关联分析

通过对学生行为数据的深入分析，学校可以建立行为数据与安全事件发生概率之间的关联模型，从而提高安全管理的精准度。例如，某些学生夜间频繁外出，或者参加高风险活动，可能会增加安全风险，学校可以基于这些数据加强安全教育与管理。

3. 学生安全教育的个性化与精准化

基于对学生行为的分析，学校可以根据不同学生的安全行为特点，提供个性化的安全教育。例如，对于经常忽视安全规则的学生，可以通过数据分析提供有针对性的安全提醒，帮助他们提高安全意识。

（二）智能监控与风险管理技术的应用

1. 智能监控系统的应用

学校可以通过智能监控设备（如视频监控、入侵检测系统、环境监测设备等）实时监控校园内的安全状况。这些设备不仅能够检测到异常行为，还能够通过人脸识别、行为分析等技术提前识别潜在的安全威胁。

2. 风险管理平台的建设

学校可以建设一个集成的风险管理平台，整合多种监控数据、学生行为数据、安全预警系统等，为学校提供全方位的安全保障。平台可以实时监控校园安全，自动进行风险评估与预警，快速调度应急资源。

3. 智能化安全预警

通过人工智能与大数据技术，学校可以实现更加精准的安全预警。例如，AI 可以根据学生的行为模式、环境变化等多维度数据，判断是否存在安全风险，并及时发出警报，通知学校管理人员。

（三）校园安全管理中的数据共享与协作

1. 跨部门数据共享与协同管理

校园安全管理需要多个部门的协同合作，如保安部门、心理辅导中心、教学管理部门等。通过数据共享平台，各部门可以实时获取与学生安全相关的数据，确保及时沟通与协作，形成合力。

2. 政府与学校的数据对接

学校还可以与地方政府或公共安全部门共享安全管理数据，进行信息对接。例如，在突发公共安全事件发生时，学校可以与警方、消防等部门共享实时数据，协同应对，提高应急响应的效率。

3. 数据隐私保护与合规管理

在进行数据共享与协作时，学校应遵守相关法律法规，确保学生个人隐私和数据安全得到保护。通过合法合规的数据管理系统，学校可以避免信息泄露和滥用问题。

第六章　大数据驱动的教育管理决策优化

第一节　教育管理决策的大数据需求分析

一、教育决策过程中的数据需求

教育管理决策过程涉及多个层面的决策支持，涵盖学校管理、教学安排、资源分配等方面。在此过程中，教育管理者对数据的需求是多样且复杂的。数据不仅仅是支持决策的工具，它还影响着决策的质量和效果。教育管理者需要通过数据来识别问题、评估现状、预测未来趋势，并做出科学、合理的决策。

（一）教育管理者的信息需求与决策支持

1. 决策支持

教育管理者需要通过对多维度数据的分析，获得相关的信息支持，以便做出准确的决策。例如，学校的教学质量、教师的教学效果、学生的学习进度等，都需要通过数据来支持决策，确保教育资源的有效配置。

2. 实时信息获取

教育管理者需要随时获取学校各类运营数据，如学生的成绩数据、教职工的工作表现、家长的反馈等，这些信息的实时性直接影响到决策的及时性和有效性。

3. 定量分析与定性判断的结合

教育管理不仅仅依赖于定量数据，还需要结合教师、学生和家长的反馈等定性数据。这些定性信息常常需要通过问卷调查、访谈等方式收集，教育管理者需要在数据分析中兼顾定性与定量分析，帮助决策者全面理解问题。

4. 长远规划与短期调整

教育决策不仅关注短期的教学安排、教师考核等细节问题，还需要有长远的规划。例如，通过对教育趋势、大数据的长期趋势分析，教育管理者可以制定适应未来需求的战略决策。

（二）数据驱动的决策制定与实施依据

随着大数据技术的发展，教育管理决策的制定逐渐从传统的经验型决策转向数据驱动的决策。

1. 科学化的决策依据

数据驱动的决策以量化的数据为基础，减少了人为偏见和经验性错误，使决策过程更加客观和科学。通过数据分析，教育管理者能够精准识别问题的根源，避免了决策过程中的盲目性和随意性。

2. 实时性与动态性

数据的实时采集和分析使得决策能够根据不断变化的环境进行调整。例如，学生成绩的实时分析可以帮助教师和管理者及时发现学生学习中的困难，从而采取有针对性的干预措施。

3. 多维度的数据分析

在数据驱动决策中，不同来源和类型的数据（如教师教学数据、学生学业数据、行政管理数据等）都可以成为决策的依据。通过多维度的分析，教育管理者可以全面了解教育现状，做出更精准的决策。

4. 预测性决策

数据不仅仅能反映过去和现在的情况，还能通过历史数据的趋势分析，预测未来的变化趋势。这使得教育管理者能够提前做好应对准备，制定长远的教育规划。

（三）教育管理中数据的多样性与复杂性

1. 数据种类繁多

教育管理中所涉及的数据包括但不限于学生的学业成绩、教师的教学评价、学校的财务状况、学生的心理健康状况、家长的反馈信息等。这些数据不仅来源于不同的部门和渠道，而且数据类型也非常丰富，既有定量数据，如学生的考试成绩、出勤率等，也有定性数据，如家长的评价、教师的教学反馈等。

2. 数据之间的关联性强

在教育管理中，不同数据之间往往存在紧密的联系。例如，学生的学业成绩可能与其家庭背景、学校的教学质量、心理健康状况等多种因素密切相关。如何通过数据分析挖掘这些潜在的关联性，是教育管理决策中一个重要的挑战。

3. 数据质量的差异性

教育管理中获取的数据质量参差不齐，部分数据可能存在不完整、错误或时效性差等问题。如何确保数据的准确性和可靠性，是教育管理者在进行决策时需要重点考虑的因素。

4. 隐私与安全问题

在收集和使用数据的过程中，涉及大量的个人隐私数据，如学生成绩、教师评价等。如何保障数据的安全性，遵循隐私保护规定，是教育管理中需要重点关注的问题。合理的隐私保护措施和数据安全管理方法，对保证数据的合法性和有效性至关重要。

5. 数据处理与分析的复杂性

教育管理中的数据庞大且复杂，如何高效地存储、处理和分析这些数据，成为提升决策质量的关键。大数据技术的应用，尤其是人工智能技术，可以帮助教育管理者从海量数据中提取有价值的信息，提高决策的准确性。

二、数据需求分析的技术手段与方法

（一）数据需求分析框架的构建与应用

数据需求分析框架的构建为教育管理者提供了一个系统化的视角，帮助他们高效识别、分析和解决教育管理中的问题。

1. 需求识别与分类

要明确教育管理者在决策过程中所需的数据类型和范围。数据需求分析框架需要从多个维度进行分类，如教学管理、资源配置、学生评估、教师绩效等。每个领域的数据需求可能不同，因此需要根据具体的决策目标来进行分类，确保框架的适应性和全面性。

2. 数据源与渠道分析

构建数据需求分析框架时，需要识别数据的来源和采集渠道。教育管理中的数据可能来源于多个渠道，如学校的教务系统、学籍管理系统、学生心理健康监测、家长反馈等。框架的应用应确保这些数据能够有效整合，并且建立一个有效的渠道系统，使数据流通畅通无阻。

3. 决策目标与数据需求的对接

教育管理的目标通常包括提升教育质量、优化资源分配、改善学生发展等。框架的构建需要确保决策目标与数据需求之间的对接，数据分析的结果应直接指引决策者制定相应的措施。例如，如果目标是提升学生的学业成绩，数据需求就应侧重学生的学习进度、学习习惯、成绩分布等方面的分析。

4. 数据处理与可视化

框架还需要考虑数据的处理与可视化方法，使得教育管理者能够快速理解分析结果。通过数据处理和图表、报告等方式展示分析结果，可以帮助决策者做出更为直观的判断和决策。

5. 框架的动态调整

教育管理环境是动态的，随着教育政策的变化、技术的进步、社会需求的变化，数据需求也会随之变化。数据需求分析框架应该具备灵活性和可调整性，以便随着时间的推移和环境变化对数据需求进行及时更新和调整。

（二）教育领域大数据采集的优先级与重点

在教育领域，大数据的采集涉及多个方面，包括学生、教师、家长、行政管理等多个数据源。由于数据庞大且复杂，因此在采集数据时必须设置优先级，确保资源的合理利用和数据采集的有效性。

1. 学生学习数据的优先采集

学生的学习数据是教育决策的核心内容，涉及学生的成绩、学习态度、学习进度、学习成绩的变化等。通过对学生学习数据的采集与分析，可以准确评估教学效果，发现学生学习中的问题，并采取有针对性的措施。尤其是通过对不同学科和课程的学习数据分析，可以帮助学校制订个性化的教学方案。

2. 教师教学质量的数据采集

教师是教育质量的直接决定因素，教师的教学效果和教学行为对学生的学习具有深远的影响。采集教师的教学质量数据、学生评价数据、课堂互动数据等，将有助于评价教师的教学水平，及时发现教师培训和发展的需求。

3. 学校资源与管理数据

学校的管理数据、资源配置情况（如教室、教材、课外活动资源等）是教育决策中不可忽视的重要数据来源。有效的资源配置和管理能够提高教育系统的运行效率。通过对资源分配的分析，教育管理者能够更好地了解学校现有资源的使用情况，合理调整和优化资源配置。

4. 学生心理健康数据

近年来，学生的心理健康问题逐渐引起社会和教育界的关注。心理健康数据的采集，特别是学生的情感、行为、社交网络等方面的变化，有助于学校及时发现心理问题并进行干预。针对学生的心理健康状况进行数据采集，不仅能帮助教师更好地理解学生，还能为学校的心理辅导和干预提供数据支持。

5. 家长和社会反馈数据

家长和社会的反馈也是教育管理决策中不可或缺的一部分。家长的意见、建议和学生的家庭背景信息可以为学校提供有价值的参考。通过数据采集与分析，学校可以了解家长对学校教育的认同感和期望，从而改进教学管理措施。

6. 大数据隐私与安全问题

教育数据涉及大量的个人信息，因此在采集数据时，必须重点关注数据隐私和安全问题，确保采集和使用数据的合规性。这不仅是法律法规的要求，也是保障师生权益的必要措施。

（三）数据模型与教育决策之间的契合点

数据模型在教育决策中的应用可以帮助管理者从大量的原始数据中提取有效信息，为决策提供依据。

1. 数据模型为教育决策提供量化支持

教育管理决策往往依赖于定性分析，但借助数据模型，可以将这些定性问题转化为量化指标，从而使决策更加科学。例如，学生的学习态度、情感变化、学业成绩等因素通过数据模型转化为可量化的指标，帮助教育管理者在决策过程中做出更准确的判断。

2. 模型预测与决策的前瞻性

数据模型尤其是基于历史数据的预测模型，可以预测教育决策实施后的结果或趋势，从而为决策者提供前瞻性的信息。例如，基于学生成绩的预测模型，可以预测在不同教学方案下学生成绩的变化趋势，帮助教育管理者选择最佳的教学策略。

3. 优化资源配置

教育管理者通过数据模型分析学校资源的配置情况，可以优化资源分配。例如，通过对学生成绩、教师质量、课堂时间等数据的模型分析，教育管理者可以合理分配教室、学习时间，确保资源的最大化利用。

4. 支持个性化决策

数据模型能够为每个学生、每个班级或每个教师量身定制个性化的教学决策。通过模型分析，教育管理者能够识别出每个学生的个性化学习需求，从而制订个性化的学习计划，提高教育效果。

5. 决策效果评估与反馈机制

数据模型还可以帮助教育管理者评估决策实施后的效果。例如，在实施某一教学改革措施后，管理者可以通过建立模型对改革的结果进行跟踪和反馈，以便及时调整决策策略。

6. 动态调整与灵活性

教育管理的环境是动态变化的，数据模型能够实时根据新获取的数据进行调整。例如，当学生成绩、教师反馈或教育政策发生变化时，数据模型可以通过更新算法，动态调整分析结果，从而为教育管理者提供最新的决策支持。

三、数据需求在决策优化中的实践应用

（一）决策数据化的应用场景与示例

决策数据化指对大量数据进行采集、分析与处理，并将其转化为决策过程中的关键依据。数据化的决策过程不仅可以帮助教育管理者提高决策效率，还能确保决策的精准性与科学性。

1. 学生学业成绩分析与个性化教学

通过数据化的决策，教育管理者可以对学生的成绩、学习行为、课堂参与等数据进行全面分析。基于这些数据，学校可以制订个性化的学习计划，针对不同学生的需求进行差异化教学。例如，针对某些学习困难的学生，教师可以为其制订补习方案或调整教学节奏，确保每个学生都能够得到恰当的教学支持。

2. 教师绩效评估与优化

通过教师的教学数据（如学生成绩变化、课堂互动情况、教学质量反馈等）进行数据化分析，教育管理者能够更全面、客观地评估教师的教学效果。这种数据化的绩效评估方法比传统的评估方式更具科学性，能够帮助教师更准确地了解自己的优势和不足，从而改进教学方法，提高教学质量。

3. 学校资源优化配置

学校资源（如教室、教师、教材、设施等）的配置与使用效率关系到学校的管理效果。通过对学校资源使用情况的全面数据化分析，教育管理者能够准确掌握资源分配的现状，并根据数据反馈对资源配置进行调整。例如，根据学生人数、课程安排和教师工作量的分析，可以合理调整教室使用、课程排班和教师授课任务，提高学校资源的使用效率。

4. 学生心理健康监测与干预

心理健康问题已经成为影响学生全面发展的重要因素。通过数据化手段，学校可以对学生的心理健康状况进行持续监测，收集相关数据（如学生的情感变化、心理测试结果、行为表现等），并根据数据结果制定有针对性的心理干预措施。例如，学校通过定期的心理测试，可识别有心理困扰的学生，为其提供及时的心理辅导与支持。

5. 教育质量监控与改进

教育质量的提升离不开科学的监控与评估。通过建立教育质量监控系统，学校可以通过数据化手段定期评估课程内容的适宜性、教学方法的有效性、学生满意度等方面，确保教育质量的持续改进。例如，使用学生成绩数据、课堂观察数据和问卷调查数据，对教育质量进行动态评估，并据此调整教学方案和课程设置。

（二）数据驱动决策优化的效果评估与反馈

数据驱动决策优化不仅仅是一个静态的过程，它还需要通过有效的评估与反馈机制进行持续调整和优化。通过效果评估，教育管理者可以了解数据驱动决策是否达到预期目标，并根据反馈结果对决策进行调整。

1. 绩效评估

对于通过数据驱动实施的决策，如学生成绩提升、教师绩效改善、资源优化等，必须通过定期的绩效评估来确认其有效性。评估可以通过对比实施前后的数据变化来进行。例如，学校在实施个性化教学之后，学生成绩的提升情况可以作为评估教学方案有效性的依据。

2. 反馈机制的建立

反馈机制是数据驱动决策的核心之一。教育管理者需要确保决策执行后能够及时获得来自教师、学生、家长等多方面的反馈信息。这些反馈信息可以通过问卷调查、访谈、在线评论等形式收集，并与数据分析结果进行对比，帮助管理者了解决策实施后的实际效果，并及时调整策略。

3. 实时数据监控与动态调整

数据驱动的决策需要依赖于实时数据的反馈。实时监控系统在决策优化中的作用至关重要。教育管理者可以利用实时数据监控系统，持续跟踪学生的学习进度、教师的教学表现、课堂参与情况等，并根据实时数据进行快速调整。例如，如果某一班级的学生普遍出现学习困难，管理者可以迅速调整教学方案或提供额外的辅导支持。

4. 数据分析结果与决策回顾

每项决策实施后，应定期进行数据分析，回顾决策过程中的决策依据、实施情况以及最终结果。通过对数据结果的回顾与分析，教育管理者能够更好地总结经验、发现不足，并为未来的决策提供宝贵的参考。这种持续的评估与反馈过程有助于形成持续优化的决策闭环。

5. 影响因素分析

除了单纯评估决策效果外，教育管理者还需对影响决策效果的各种因素进行分析。例如，在评估学生学业成绩提升时，需要分析是否是教学改革产生的直接效果，还是与其他因素（如家庭背景、课外辅导等）有关。通过识别和分析影响因素，管理者可以更加准确地理解决策的真正效果，避免过度依赖单一数据源。

（三）基于数据的教育政策制定与调整

教育政策的制定与调整需要依赖丰富的教育数据，尤其是在大数据环境下，教育政策制定的科学性和灵活性得到了显著提升。

1. 政策需求的识别与数据支持

制定教育政策时，必须基于数据分析结果来识别教育领域中的需求。例如，政策制定者可以通过分析学生学业成绩、社会经济背景、地区教育资源分配等数据，识别在某些地区或群体中存在的教育短板，并据此制定相应的政策予以解决。

2. 教育公平与资源均衡

通过对不同地区、不同类型学校的教育资源分配和使用情况进行数据化分析，政策制定者可以发现资源不均衡问题，并制定有针对性的政策。例如，通过分析贫困地区学生的学业成绩、家庭背景等数据，政策可以倾斜资源投入，以促进教育公平和资源均衡分配。

3. 政策效果的监测与反馈

政策的制定不仅需要依靠数据支持，还需要依赖数据对政策效果的实时监测。通过跟踪政策实施后的数据变化，政策制定者能够评估政策是否达到预期目标，并根据反馈信息进行调整。例如，在实施减负政策后，教育管理者可以通过对学生学习负担和心理压力的调查数据进行分析，评估政策实施效果，并根据结果进一步优化政策。

4. 跨部门数据协作与政策调整

教育政策的制定不仅仅依赖于教育部门，还需要跨部门的数据协作。例如，家庭经济状况、健康数据、心理健康数据等都可能对教育政策的制定产生影响。通过跨部门数据的整合与分析，政策制定者能够更加全面地了解教育问题，确保政策调整的全面性和科学性。

5. 前瞻性政策制定与大数据预测

大数据技术的应用使得教育政策的制定更具前瞻性。通过对历史数据的分析和趋势预测，政策制定者能够识别教育发展的未来趋势，为政策的制定和调整提供数据支持。例如，通过对学生入学率、学科选择趋势、教师需求等数据的预测，政策可以提前做出调整，确保教育系统能够适应未来变化。

第二节　基于大数据的决策模型与方法

一、决策模型的构建与分析

（一）传统决策模型与大数据驱动决策的对比

传统决策模型通常基于有限、静态的数据，决策过程较为简单，并依赖人工经验和判断，适用于数据量较小、影响因素较为单一的环境。相比之下，大数据驱动的决策模型依赖于海量、动态的多维数据，能够通过机器学习等技术进行自动化分析和优化，适应更复杂和快速变化的决策环境。传统模型较为固定，缺乏灵活性，而大数据驱动的决策具有高度的灵活性和实时反应能力。

（二）大数据支持下的决策模型设计与优化

大数据支持下的决策模型设计与优化，首先，需要对海量的多源数据进行清洗和整合，保证数据的质量与一致性。随后，基于机器学习、深度学习等技术，动态地对决策模型进行优化和调整。通过实时数据流分析，教育管理者能够快速反应和调整策略，以应对不断变化的教育环境和学生需求。

（三）教育决策的多因素模型与综合分析

教育决策通常涉及多种因素，如学生的学业成绩、家庭背景、教师质量等，因此，建立多因素的综合决策模型尤为重要。这些因素不仅需要通过加权、层次分析等方法进行综合，还需要结合聚类分析、回归分析等技术，帮助教育管理者从多角度分析决策中的关键影响因素，确保决策的全面性和科学性。

二、决策模型算法的选择与应用

（一）回归分析与分类算法的应用

1. 回归分析

回归分析是一种常用于预测连续变量的统计方法。在教育决策中，回归分析可以用于预测学生的未来学业成绩、考试分数等。例如，基于学生的历史成绩、学习时长和学习习惯等因素，回归分析能够预测其未来的表现，帮助教育管理者调整教学策略或为个性化辅导提供依据。

2. 分类算法

分类算法适用于对离散型结果进行分类。在教育决策中，可以通过分类算法识别学生的学习状态，进行学生分类（如高分群体、低分群体），从而有针对性地采取不同的教学措施。常用的分类算法包括支持向量机（SVM）、决策树、朴素贝叶斯等。

（二）预测模型与决策树的结合

1. 预测模型

预测模型结合了历史数据与未来趋势，为决策提供科学依据。在教育领域，预测模型可以帮助管理者预测学生的毕业率、成绩提高幅度等。通过对大量历史数据的学习，预测模型可以有效发现潜在规律，提前预警潜在问题。

2. 决策树

决策树是一种树形结构的预测模型，通过一系列决策规则对数据进行分类或回归分析。在教育管理中，决策树可以帮助教育管理者做出基于学生多种特征的决策。例如，教育管理者可以利用决策树分析学生的学习情况，选择最合适的教学干预策略。

结合预测模型与决策树，教育决策可以更加精准。预测模型提供趋势预测，而决策树则帮助实现细化的决策规则。两者结合，可以帮助教育管理者从多个维度进行综合分析，优化决策过程。

（三）机器学习与人工智能在决策中的实践

1. 机器学习

机器学习是一种基于数据自动学习和预测的技术。在教育领域，机器学习可以用于个性化学习路径的推荐、学生成绩的预测、教师教学质量的评估等。例如，通过对学生学习过程的行为数据进行分析，机器学习模型能够为每个学生量身定制最合适的学习方案。

2. 人工智能

人工智能技术通过模拟人类思维过程来解决复杂问题。在教育决策中，人工智能可以帮助教育管理者进行决策支持系统的构建，自动化处理学生评估、教师评估等任务。例如，人工智能能够自动识别学生的学习困难，并实时向教师提供干预建议，从而提高教育服务的效率和质量。

机器学习和人工智能的应用，能够显著提升教育决策的智能化和自动化水平，帮助教育管理者在海量数据中发现规律，实现精准决策。

三、决策模型在教育管理中的创新应用

（一）大数据决策模型在招生管理中的应用

1. 招生预测

通过分析历史招生数据、考生背景、社会经济状况、学校排名等多维数据，大数据决策模型可以预测某一时期、某个专业或学科的招生情况，从而帮助学校合理制订招生计划。这种基于大数据的预测模型能够识别招生的潜在趋势，调整招生策略，避免出现招生计划与实际需求不符的情况。

2. 精准招生策略

通过对不同区域、不同社会背景的学生数据进行分析，决策模型能够识别潜在的优质生源，制定个性化的招生策略。例如，分析高考成绩、地理位置、家长教育水平等数据，学校可以设计不同的宣传策略和招生政策，吸引合适的学生群体。

3. 优化资源配置

大数据模型能够帮助学校在招生过程中优化资源配置。例如，分析不同专业的需求变化，调整教学设施、师资力量等资源配置，确保新生入学后的需求能够得到及时满足。

（二）决策模型在学科与课程设置中的应用

1. 学科设置优化

决策模型可以分析学生的兴趣偏好、就业市场的需求、行业发展的趋势等数据，帮助学校优化学科设置。例如，分析当前社会对信息技术、环境科学等领域的需求，学校可以在这些领域增设或调整相关学科，以更好地满足市场需求和学生的职业发展需求。

2. 课程内容与结构优化

通过学生成绩、教学反馈、行业需求等数据的分析，决策模型可以帮助教育管理者优化课程内容和教学结构。例如，基于学生的学习进度和掌握情况，模型可以自动调整课程的难度、教学方法和评估方式，以提高学习效果。

3. 个性化课程设计

大数据分析能够识别学生的学习特点和学习成绩，从而为不同类型的学生设计个性化课程安排。通过对学生学习数据的深入分析，决策模型可以帮助学校为不同需求的学生提供定制化的课程方案，提高教育的精准性和有效性。

（三）数据驱动的教师绩效评估与管理优化

1. 教师绩效评估

利用大数据技术，学校可以通过学生的学习成绩、课堂表现、教师反馈等多维数据来评估教师的教学效果。通过构建科学的绩效评估模型，学校能够客观、公正地评定教师的教学水平，发现教学中的不足，提出改进的建议。

2. 教师培训与发展

基于数据分析，决策模型可以识别出教师在教学过程中的优劣势，为教师提供个性化的培训建议。例如，通过分析学生对教师的评价、教师的课堂互动情况，模型可以为教师提供需要加强的教学技能或知识领域等信息，从而促进教师的持续发展。

3. 教学资源优化配置

通过对教师的教学效果和学生的反馈数据进行综合分析，学校可以更合理地配置教学资源。对于教学效果优秀的教师，可以适当增加其教学任务；而对于表现较差的教师，可能需要安排更多的培训或调整授课方式，从而提升整体教学质量。

大数据驱动的教师绩效评估系统通过全面的数据收集与分析，不仅能够准确评估教师的教学效果，还能帮助教育管理者在教师管理和培训方面做出更加科学和高效的决策。

第三节 决策效果的评估与反馈机制

一、决策效果评估的指标与方法

（一）决策实施前后的数据对比与评估

1. 前后数据对比

评估决策效果的第一步是对比决策实施前后的各项数据指标。教育管理者可以通过收集并分析决策前后的学生成绩、教学质量、学生满意度等关键数据，来判断决策是否达到了预期的目标。例如，实施新课程设置后，可以通过分析学生的学习成绩变化和学习态度变化来评估课程设置的效果。

2. 定量与定性数据结合

评估不仅要依赖量化数据，还需要考虑定性反馈。定量数据（如成绩、通过率等）能够为决策效果提供具体的数字支持，而定性数据（如教师和学生的意见、建议）则能反映决策在实际执行中的潜在问题和改进空间。结合这两类数据，教育管理者能够获得更加全面的决策效果评估。

3. 多维度评估模型

评估过程中应考虑多个维度的影响，包括教育质量、资源分配、学生体验、教师负担等。通过建立综合评估模型，能够全面反映决策在不同领域的效果，确保评估结果的准确性和全面性。

（二）学业表现与管理效能的评估标准

1. 学业表现

学业表现通常通过学生的考试成绩、作业完成情况、课堂参与度等指标进行评估。决策实施后的学业表现变化，是评估决策效果的重要指标。例如，在教学方法改革或课程设置调整后，学生的学业成绩和知识掌握情况是否有所提升，反映了决策对学术水平的影响。

2. 管理效能

管理效能评估可以通过学校管理流程的效率、教师和学生的协调程度、资源的合理利用等方面来考量。决策实施后，学校的日常管理是否变得更加高效，是否能够更好地调动教师和学生的积极性，都是管理效能的体现。

3. 综合评估模型

学业表现和管理效能的评估标准应结合多个因素，不仅仅关注单一结果。例如，学业表现提升与管理效能的提高常常是相辅相成的，通过综合模型分析两者之间的关系，能够深入了解决策对整体教育环境的影响。

（三）学生与教师的满意度与反馈分析

1. 学生满意度

学生满意度是评估决策效果的重要指标之一。学生对教学质量、课程设置、学术支持等方面的满意度能够直接反映教育决策的效果。通过定期调查、问卷和面谈等方式收集学生反馈，能够了解他们的需求、困惑以及对决策执行效果的看法。

2. 教师满意度

教师的满意度同样是决策效果评估的重要维度。教师的工作负担、教学资源、职业发展机会等因素会影响他们的工作满意度。在决策实施后，教师是否感受到更多支持、教学条件是否得到改善，能够反映决策对教师群体的影响。

3. 反馈分析与改进

通过分析学生和教师的反馈，教育管理者能够发现决策实施中存在的问题，并在此基础上进行调整和优化。例如，如果学生对新课程内容不满意，可能需要对课程进行改进；如果教师反馈教学资源不足，管理层可以调整资源配置。反馈机制为决策的持续优化提供了依据，确保教育管理策略能够不断改进。

二、决策效果评估模型的设计与应用

（一）评估模型的建立与数据采集

1. 评估模型的建立

建立决策效果评估模型时，需要确定评估的目标和指标。评估模型应覆盖多个维度，如学生学业成绩、教学质量、教师满意度、资源使用效率等。这些指标可以通过构建权重体系，确定各个因素在整体评估中的重要性。模型可以基于数据分析、专家意见，以及过往经验来设计，确保其全面性和针对性。

2. 数据采集

数据是评估模型得以运作的基础，数据采集过程需要确保数据的准确性、代表性和多样性。常见的数据采集方法包括问卷调查、访谈、学生成绩记录、课堂观察、学术表现、教学反馈等。为了保证数据的全面性，应尽可能从不同的角度收集数据，以确保对决策效果的评估不偏颇。

3. 数据处理与分析

采集到的数据需要进行处理和分析，包括数据清洗、去重、标准化等步骤，确保数据质量和一致性。分析方法可以采用统计学方法、回归分析、聚类分析等，根据不同的评估需求选择适合的分析工具，形成基于数据的评估报告。

（二）定量与定性评估方法的结合

1. 定量评估方法

定量评估主要依赖于具体的数值数据，如学生的考试成绩、毕业率、出勤率、课程完成率等。定量数据能够通过精确的数字描述教育过程中的变化，直观反映决策效果。例如，通过统计学生成绩的提升幅度，可以衡量教学改革的效果；通过分析课程出勤率，评估课程设计的吸引力和有效性。

2. 定性评估方法

定性评估则依赖于非数值的反馈信息，如教师、学生及家长的意见和建议。这些信息通常通过访谈、问卷或座谈会等形式收集。定性数据能够提供决策过程中未被捕捉的细节，帮助管理者理解决策实施的深层次原因。例如，通过学生对课程内容、教师教学方式的反馈，可以判断教学策略是否符合学生的实际需求。

3. 定量与定性结合

结合定量和定性评估方法，能够全面反映决策的效果。定量数据提供了决策效果的客观证据，而定性数据能够深入分析其背后的原因。两者结合使用，能够更好地捕捉决策实施过程中的问题，提出更为合理的改进措施。通过定量结果的统计分析与定性反馈的主观理解相互印证，教育管理者能够更加全面、准确地评估决策效果。

（三）评估结果与决策调整的相互作用

1. 评估结果的反馈机制

评估结果不仅仅是对决策效果的总结，它还应当成为决策调整的重要依据。通过定期或阶段性地进行评估，教育管理者可以及时识别决策实施中的问题，并有针对性地进行调整。例如，在课程改革后，如果学生的学业成绩未达到预期目标，评估结果可以帮助找出原因，如课程内容设置不合理，教学方法不适应等，并及时进行调整。

2. 决策调整的反馈作用

决策调整后，新的策略会影响未来的评估结果。此时，教育管理者应关注评估结果与调整措施的相互作用，确保调整后的决策能够逐步改善效果。决策调整应具备灵活性和持续性，能够适应环境变化，确保教育管理策略能够实现持续优化。

3. 持续优化与循环反馈

决策效果评估与调整应形成闭环反馈机制。每次决策实施后的评估结果应作为下一轮决策优化的基础，推动教育管理实践的不断优化和创新。这种持续的优化过程可以帮助学校提升管理效率，改善教学质量，最终达到提高教育质量和满足学生需求的目标。

三、决策反馈机制的改进与优化

（一）实时反馈机制的设计与实施

1. 实时反馈机制的定义与重要性

实时反馈机制指在决策实施过程中，能够快速收集和反馈数据，使管理者能够即时了解决策效果，并做出迅速调整。这种机制对于教育管理而言尤其重要，因为教育环境和学生需求经常发生变化，快速响应和调整决策有助于提高决策的有效性和及时性。

2. 反馈渠道的多样化

为了确保实时反馈的全面性和准确性，必须通过多种渠道收集反馈数据。例如，采用在线调查、学生与教师的即时反馈、课堂观察、教学评估平台等，确保各方反馈能够快速汇集并传达给管理层。这些反馈可以是定量的数据，也可以是定性的信息，为决策者提供多角度的视野。

3. 技术支持与平台建设

实施实时反馈机制需要依赖信息技术的支持，特别是数据采集和分析平台。通过建立实时监控系统和数据分析平台，教育管理者可以迅速获取各项关键数据，并进行实时分析，确保反馈信息能够迅速传递并支持决策的调整。基于大数据分析，管理者可以随时跟踪教学进度、学生学习状态、课程效果等关键信息。

（二）反馈数据的分析与决策调整的结合

1. 数据分析与决策调整的结合

反馈数据不仅仅是收集到的信息，还需要进行深入分析，才能对决策进行有效的调整。通过对实时反馈数据的系统分析，教育管理者能够识别决策实施过程中出现的问题，并结合数据分析结果调整决策。例如，通过分析学生考试成绩和课堂参与度数据，教育管理者可能发现某些课程内容过于复杂或教学方法不适应，进而调整教学策略或课程设置。

2. 多维度分析与精确调整

反馈数据应当从多个维度进行分析，如学生学习成绩、教师教学反馈、教学资源使用情况等。这种多维度的分析能够帮助管理者深入了解决策效果，并有针对性地进行调整。精确的调整能够在决策的执行过程中解决具体问题，提高决策的准确性和效果。

3. 智能化决策支持系统

借助机器学习和人工智能技术，教育管理者可以建立智能化决策支持系统，从实时反馈数据中识别模式并进行预测。这种系统能够自动化地为决策者提供调整建议，使决策更具智能性和前瞻性。例如，系统可以根据学生的学习数据分析哪些学生可能会掉队，从而提前实施干预措施。

（三）决策反馈循环的形成与持续改进

1. 反馈循环的定义与作用

决策反馈循环指的是决策—反馈—调整—再决策的不断循环过程。每一轮决策实施后，反馈数据为决策者提供信息，帮助他们对决策效果进行评估和调整。此循环过程是决策持续改进和优化的核心。有效的反馈循环能够帮助教育管理者发现潜在问题，并在决策实施的早期阶段做出及时调整，从而避免决策失误或效果不佳。

2. 建立持续改进机制

为了保证反馈循环的持续性和有效性，教育管理者应当建立持续改进的机制。这包括定期评估决策效果、收集反馈、分析问题，并根据分析结果进行相应的调整。持续改进机制还要求教育管理者对决策过程进行反思，寻找新的改进方法，不断提升决策质量。

3. 反馈数据的动态更新

决策反馈机制不仅要依赖历史数据，还应不断动态更新，以适应快速变化的教育环境。通过不断优化数据收集、分析与反馈流程，教育管理者能够在每一轮决策中加入最新的变化因素，使决策过程具有更高的适应性和灵活性。这种动态更新的反馈机制能够帮助教育系统在复杂的变化中保持高效运作。

4. 教育管理的可持续性提升

通过不断优化决策反馈机制，教育管理者能够在决策过程中及时识别问题、调整策略，并确保教育管理的可持续性和长期效益。每一次的反馈和调整都是对教育管理体系的优化，经多次反馈和调整最终形成一个完善的决策管理闭环，推动教育质量的不断提升。

第四节 大数据驱动决策的组织与流程变革

一、教育管理决策流程的重构与优化

（一）基于大数据的决策流程分析与优化

1. 决策流程的现状分析

传统的教育管理决策流程往往依赖人工经验和有限的历史数据，决策周期较长，信息处理效率较低。基于大数据的决策流程优化能够从根本上提高决策质量和效率。通过分析现有流程，可以识别信息流转的瓶颈，找出决策

制定过程中可能存在的信息缺失、延迟或偏差，从而确定优化方向。

2. 数据驱动的决策流程重构

大数据可以为教育决策提供更为丰富、实时的支持。优化决策流程需要建立数据采集、分析和反馈的实时机制，使教育管理者能够在决策过程中实时获取数据，并基于数据做出快速响应。例如，利用学生学习数据、教学质量监控数据等，教育管理者可以在招生、课程设置、资源配置等领域进行精准决策，避免传统决策中基于有限信息做出的误判。

3. 优化决策流程的步骤

基于大数据的决策流程优化包括数据的高效采集、清洗与整合、数据分析模型的设计，以及决策支持系统的构建。在每一阶段，决策者应依托数据支持，确保决策流程更加简化、高效。例如，使用数据可视化工具帮助管理者快速理解数据趋势，减少传统流程中的烦琐分析步骤，加快决策过程。

（二）决策流程中的信息共享与协作机制

1. 信息共享机制的建立

信息共享是优化决策流程的核心要素之一。在传统的教育管理决策中，不同部门和人员往往拥有各自独立的信息源，“信息孤岛”现象严重，导致决策信息存在不对称和冗余等问题。大数据的应用能够促进信息的实时共享，使各级管理人员能够同步获得相关数据和信息，从而减少信息滞后或遗漏对决策的影响。

2. 协作机制的构建

在决策流程中，多个部门和人员的协作非常重要。大数据驱动的决策流程需要通过建立跨部门的协作机制，促进教育管理人员之间的沟通与协作。例如，通过数据共享平台，不同学科组、行政部门等可以共同参与到决策中，结合各自的专业知识和数据反馈，共同制订和调整决策方案。

3. 技术支持协作平台

为了推动信息共享和协作，学校可以建设数据驱动的决策支持平台，集成各类教学、管理和运营数据。通过这些平台，各方可以实时查看和分析相关数据，基于数据分析的结果进行讨论和决策。这种协作机制能够提高决策的透明度和准确性，减少决策过程中的分歧和误解。

（三）组织架构与流程改革的同步推进

1. 组织架构的调整

为了适应大数据驱动的决策流程，教育机构需要对现有的组织架构进行调整，增强数据管理和分析的能力。特别是在决策层面，应建立专门的决策支持团队或数据分析小组，负责大数据的收集、整理和分析工作。此外，还应优化职能部门之间的协作关系，使决策流程更加顺畅高效。

2. 流程与组织架构的整合

决策流程的优化和组织架构的调整应该是同步推进的。仅仅优化决策流程而不调整组织架构，可能导致流程执行过程中缺乏相应的人员和技术支持；而仅仅改变组织架构而不优化流程，可能导致决策效率低下。组织架构的调整应围绕流程优化的目标，确保两者之间的高度契合和协同。

3. 推动变革的文化建设

流程优化和组织架构调整不仅仅是技术和结构的变动，还需要教育机构建立数据驱动的文化。教育管理者和决策者要逐渐适应基于大数据分析做决策的模式，推动数据在各级决策中的广泛应用。通过培训、团队建设等方式，培养全员的数据意识和决策支持能力，使整个组织能够高效协作，从而推动变革的成功实施。

二、大数据技术在决策支持中的组织架构

（一）大数据团队建设与角色分配

1. 团队建设的重要性

大数据在教育管理决策中的应用，离不开一支专业的团队来支持数据的收集、处理、分析和决策。团队的建设是成功实施大数据驱动决策支持的基

础。教育管理机构应组建专门的大数据团队，负责从数据获取到决策实施的全过程，确保大数据技术在决策过程中发挥最大效用。

2. 团队角色分配

大数据团队通常包括数据科学家、数据工程师、数据分析师、业务分析师等不同角色。

3. 跨部门协作

大数据团队的构建不仅限于技术人员，还需要与教育管理层、教师团队等部门的紧密合作。跨部门的合作能够保证数据与教育业务的无缝对接，使得大数据技术能够更好地服务于教育决策的各个环节。

（二）决策层与执行层的数据协同

1. 决策层与执行层的角色分工

在大数据驱动决策的架构中，决策层和执行层扮演着不同的角色。决策层主要依靠数据分析结果做出政策和战略决策，而执行层则负责将决策落地并执行具体的教学管理任务。为了确保决策的高效实施，决策层与执行层必须实现数据协同，共同推进决策的实施与反馈。

2. 数据协同机制

在数据驱动的决策支持系统中，决策层和执行层的数据协同机制至关重要。决策层通过大数据分析获得精确的信息和洞察，并形成策略性决策；而执行层则根据这些决策，通过实时数据反馈系统将实施过程中的数据传回决策层。通过数据的双向流动，决策层能够及时了解执行情况，并进行必要的调整，形成有效的反馈闭环。

3. 信息透明与协作平台

为了促进决策层与执行层之间的数据协同，教育管理机构可以构建共享数据平台，保证信息的透明和流通。该平台不仅支持决策层访问实时数据，也使执行层能够随时获得决策层的政策和目标。平台中的数据可以动态更新，确保各方始终掌握最新的教育数据，从而推动有效的沟通与合作。

4. 实时反馈与调整

通过建立实时反馈机制，决策层可以在执行层反馈数据的基础上，及时调整策略。例如，如果执行层在教学过程中遇到困难或学生成绩未能达到预期，决策层可以基于实时反馈，调整资源分配、课程设置或教学策略，确保决策始终有效。

（三）数据驱动的决策支持系统设计

1. 决策支持系统的构建原则

数据驱动的决策支持系统（DSS）应该以教育管理的实际需求为基础，集成各类数据资源，提供全方位的决策支持。该系统应具备数据收集、存储、分析、展示和反馈等功能，为教育管理者提供实时、精准、科学的决策依据。系统设计时需考虑数据的实时性、可视化效果、用户体验等方面，确保系统方便管理者使用。

2. 系统功能模块

数据采集模块：自动化收集来自各个部门、教学活动、学生表现等各类数据。

数据分析模块：使用大数据分析工具，如机器学习和统计分析，处理数据并生成决策建议。

可视化展示模块：通过图表、仪表盘等形式展示数据分析结果，帮助管理者快速理解数据趋势和决策依据。

决策模拟与预测模块：支持教育管理者进行不同决策方案的模拟和预测，评估各种策略对教育目标的影响。

反馈与调整模块：根据执行层的反馈数据，系统能够提供决策调整建议，推动决策闭环的形成。

3. 技术选型与平台支持

构建数据驱动的决策支持系统需要依赖现代信息技术，如云计算、大数据平台、人工智能等。选择合适的技术架构至关重要。通过云平台，可以确保数据的存储和处理能力满足海量数据的需求；通过人工智能算法，可以提升数据分析的准确性与智能化；通过数据可视化技术，能够帮助教育管理者快速理解复杂数据并做出决策。

4. 系统与流程的整合

决策支持系统的设计不仅要具备技术性能，还需要与教育管理流程高度融合。例如，在招生决策中，系统能够实时提供学生的报名数据、历史成绩、课程需求等信息，帮助决策者精准预测招生规模和课程配置需求。确保决策支持系统不仅是一个独立的技术工具，而且是教育管理流程中的重要组成部分。

三、大数据驱动决策中的领导力与文化建设

（一）领导力在数据驱动决策中的关键作用

1. 领导力的战略引导作用

在数据驱动的决策过程中，教育领导者的角色至关重要。教育管理层需要具备前瞻性的视野和战略思维，主动推动数据在决策中的应用。领导者不仅要理解大数据技术的潜力，还要通过战略引导，明确数据驱动决策的目标和方向，推动组织文化向数据依赖型转型。

2. 决策者的数字素养与数据理解力

为了有效引导数据驱动的决策过程，领导者需要具备一定的数字素养。这不仅仅要求了解数据分析工具的使用，同时也要能理解数据分析结果、辨识数据背后的趋势与潜在问题，并根据数据驱动的洞察做出明智决策。教育管理层应当通过培训和学习提升自身的数字技能，成为数据文化的倡导者和实践者。

3. 变革管理与领导者的示范作用

大数据驱动决策往往意味着组织流程和管理模式的深刻变革。领导者应当在这场变革中发挥重要作用，不仅要为团队提供方向和支持，还要以身作则，推动数据驱动的决策文化在整个组织内生根发芽。通过明确的沟通、激

励机制及良好的管理示范，领导者能够激发全体员工参与数据决策的积极性，确保变革的顺利进行。

（二）决策文化的转型与管理模式的创新

1. 从经验决策到数据决策的文化转型

传统的教育管理决策常常依赖管理者的经验和直觉，而在大数据驱动的环境中，决策文化必须从经验主导转型为数据主导。领导者需要推动整个组织接受数据分析结果是决策的重要依据，培养员工基于数据分析进行思考和判断的能力。这个转型不仅是技术的引入，更是思维方式的根本变化。

2. 数据透明度与决策共享

在传统的决策文化中，决策往往集中在少数领导层成员手中，信息传递和决策制定的过程可能缺乏透明度。数据驱动决策的文化要求决策过程更加透明，鼓励数据共享与开放。在这种文化中，教育管理层应推动数据的开放使用，确保所有相关部门能够访问决策所需的信息，以便全员共同参与决策过程，形成更加协同和民主的决策环境。

3. 创新管理模式与灵活性

数据驱动的决策模式要求管理者具有更高的灵活性和敏捷性。在大数据支持下，教育管理者需要快速适应数据反馈带来的变化，迅速做出决策调整。传统的管理模式需要进行创新和调整，大数据支持的决策往往要求更加扁平化、协同化的管理结构，鼓励跨部门的协作与数据共享，使管理模式更加灵活高效。

4. 决策过程中的持续学习与反馈机制

为了推动决策文化的持续创新，教育管理者应鼓励不断学习和改进。通过设立定期的评估和反馈机制，分析决策过程中的数据反馈，及时识别成功和失败的因素，不断优化决策流程。这种持续学习和反馈的机制不仅能提升决策质量，也有助于建立数据驱动决策的组织文化。

（三）数据支持下的教育管理层级与分工

1. 层级分工与数据应用的有效配合

在数据驱动的教育管理中，合理的管理层级和明确的分工至关重要。教育管理的层级结构应根据数据的流动与决策需求进行优化。各个层级的职责应围绕数据的获取、分析和应用进行分工，确保每一层级能够根据其职责，发挥其在数据决策过程中的作用。例如，决策层负责通过大数据洞察制定政策，执行层负责根据数据支持实施具体的教学与管理任务，中间层则负责数据分析和反馈的落实。

2. 数据支持下的决策分工与协作

在教育管理中，不同职能部门需要协作共建数据决策支持系统。各部门不仅要共享数据，还应根据数据的分析结果分担相应的决策任务。例如，招生部门根据学生数据预测招生趋势，课程设置部门根据学生成绩数据调整课程内容和教学方法，教师管理部门则根据教师绩效数据优化教师资源的配置。通过这些协作，数据能够跨越部门边界，推动整个教育管理系统的高效运作。

3. 数据流转与决策效率的提升

教育管理层级结构的调整和分工的明确能够使数据流动更加高效。数据从基层到决策层的流转更加顺畅，使得各个层级能够在适当的时间获取所需的数据，从而做出及时的反应。在这个过程中，信息技术和数据平台起到了关键作用，确保数据能够实时共享，减少数据流转中的滞后或误差，提高决策效率。

4. 跨层级数据协同机制

跨层级的数据协同机制使得各层级之间的数据共享与反馈变得更加高效。教育管理层可以通过设立数据协作平台，实现不同层级之间的即时信息交换和协同工作。例如，通过数据仪表盘，决策层可以实时查看执行层反馈的教学数据，分析教学效果并做出快速调整；而执行层也能够根据决策层提供的战略方向及时调整教学行为。

第七章 大数据时代学生教育管理的团队建设

第一节 教育管理者的大数据素养培养

一、教育管理者的数据分析能力培养

（一）数据分析的基本方法与技术

1. 数据采集与整理

数据分析的第一步是数据的采集和整理。在教育管理中，数据采集的来源可以包括学生成绩、教师评估、课堂观察、家长反馈等。管理者需要了解如何获取相关的数据，并进行有效的整理和清洗，确保数据的准确性和完整性。常用的数据整理技术包括数据去重、数据标准化和数据清洗。

2. 描述性分析

描述性分析是数据分析中的基础方法，主要通过统计指标（如均值、标准差、频率分布等）来总结数据的基本特征。在教育管理中，这可以帮助管理者了解学生群体的总体情况，如成绩分布、学习行为特征等。描述性分析能够帮助教育管理者更好地理解现状，为进一步的分析和决策奠定基础。

3. 探索性数据分析

探索性数据分析是一种帮助管理者通过可视化和统计方法探索数据中潜在模式和关系的技术。通过使用图表、散点图、箱线图等可视化工具，教育

管理者能够直观地识别出数据中的异常值、趋势和潜在的影响因素。例如，通过学生成绩与学习行为的相关性分析，管理者可以发现哪些因素对学生成绩有显著影响。

4. 推断性分析与假设检验

推断性分析通过样本数据来推测总体数据的特征，假设检验则用于检验数据中的假设是否成立。在教育管理中，推断性分析可以帮助管理者评估政策或教育干预措施的效果。例如，通过检验某项教学方法是否显著提高了学生的成绩，管理者可以得出科学的结论并做出相应调整。

5. 预测性分析

预测性分析利用历史数据和统计模型预测未来趋势。教育管理者可以使用回归分析、时间序列分析等方法预测学生成绩、招生情况等，从而做出更加前瞻性的决策。例如，通过分析过去几年的学生成绩，管理者可以预测未来学生的学习进展，并及时做出干预。

6. 数据挖掘与机器学习

数据挖掘和机器学习是近年来数据分析的重要技术。通过算法模型，教育管理者可以从海量数据中挖掘出潜在的规律，甚至进行自动化的预测和分类。例如，通过聚类分析可以将学生按学习成绩和行为习惯进行分组，进一步为个性化教育和资源配置提供依据。

（二）数据驱动决策的应用技巧

1. 建立数据驱动的决策框架

教育管理者需要建立一个系统的数据驱动决策框架，确保数据能够为决策提供支持。首先要明确决策目标，然后设计数据采集和分析的流程，确保数据的来源、质量和相关性。通过这个框架，教育管理者能够更有效地从大量数据中提取有价值的信息，从而帮助做出决策。

2. 实时数据分析与反馈机制

为了保证决策的时效性，教育管理者应加强对实时数据的分析与监控。

例如，通过实时的学生学习进度跟踪系统，管理者可以随时调整教学策略或课程安排，及时应对学生学习中的问题。建立有效的反馈机制，使得管理者可以根据数据分析的结果快速调整决策和措施。

3. 多维度分析与综合决策

教育管理中的决策通常涉及多个维度，如学生、教师、家长和政策等。管理者需要从多个角度进行数据分析，综合各种数据源进行决策。例如，除了学生成绩外，还可以结合教师反馈、家长意见和学校资源等信息，进行全面的分析和判断。

4. 利用数据分析推动教育创新

数据分析能够为教育管理中的创新提供支持。通过分析教育数据，管理者可以发现教学中的瓶颈，进而引导教育创新。例如，通过对学生在不同教学模式下的表现进行分析，教育管理者可以为个性化教育、在线学习等创新方法的引入提供数据支持。

5. 数据可视化与决策沟通

数据分析结果需要通过清晰、易懂的方式传达给决策者及相关人员。教育管理者应具备一定的数据可视化能力，能够将复杂的分析结果用图表、仪表盘等方式呈现，帮助决策者快速理解分析结果，并做出相应的决策。

6. 决策后评估与优化

数据驱动的决策不仅仅是依赖数据进行制定，还需要在实施后进行评估和优化。教育管理者需要定期收集实施数据，与预期效果进行对比，评估决策的有效性，进而对决策过程进行持续优化。

（三）大数据素养的实践案例与经验分享

1. 案例：某地区基于数据分析的教学干预

某地区教育局通过收集学生的学习成绩、课堂参与度、作业完成情况等数据，建立了一个综合学生表现的数据库。通过数据分析，发现某些学生的学习成绩停滞，主要原因是缺乏课堂参与。教育局根据数据结果，及时为这些学生安排了个性化辅导，并提供更多互动课堂机会。最终，学生的学习成绩明显提升，教育管理者总结出数据驱动决策在教学干预中的重要性，并在其他地区推广。

2. 案例：学校利用大数据进行课程优化

某所中学通过分析学生的学习成绩、选课偏好、学习方式等数据，发现部分课程内容的教学方法无法满足学生的需求。根据数据分析结果，学校调整了课程内容，增加了互动环节，并引入了更多的实践课程。课程改革后的学生满意度和成绩有所提升，学校通过数据不断跟踪评估和优化课程设置，提高了教学质量。

3. 经验分享：教育管理者数据分析素养的提升路径

一些成功的教育管理者分享了他们提升数据分析素养的经验。他们从基础的数据分析技能学起，逐步掌握 Excel、SPSS 等常用分析工具的使用。他们通过参加各类数据分析培训、读书和在线学习等方式，不断更新自己的知识体系。他们强调实践的重要性，通过实际项目和案例分析不断提升自己的数据分析能力。

二、教育管理者的创新思维与数字化转型

（一）创新思维在数据驱动决策中的作用

1. 推动新的视角和思路

创新思维是解决复杂教育问题、推动改革和提升管理效能的关键。教育管理者应具备跳出传统框架、从多角度思考问题的能力。在数据驱动的决策中，创新思维能够帮助管理者从庞大的数据集中发现潜在的规律和趋势，超越直觉判断，为教育管理提供新思路。例如，数据不仅可以帮助管理者分析学生成绩，还能揭示学生的情感、行为模式和互动情况，从而提出更有针对性的教育政策。

2. 促进教育模式和教学方法的改革

传统的教育管理模式往往依赖既有经验和惯例，而创新思维能够引导教育管理者重新审视现有模式，打破固有思维，探索新的管理方式和教学方法。在数据的支持下，教育管理者能够基于实际数据重新设计课程、评估学生表现和规划资源配置，使决策更加灵活。

3. 应对快速变化的教育需求

教育环境和学生需求不断变化，尤其是在大数据时代，信息变化的速度和复杂度更是前所未有。创新思维可以帮助教育管理者应对这些变化，通过快速响应和调整，优化决策和管理流程。例如，在面对学生学习方式的多样化时，创新思维促使管理者不仅考虑传统的面对面教学，还可能引入在线教育、混合式学习等新型模式。

4. 提升数据分析和应用的深度

创新思维能够帮助教育管理者突破常规的数据分析模式，同时也能深入地探索数据背后的意义。例如，通过创新的多维度数据分析，不仅可以研究学生的成绩，还能挖掘学生的情感态度、家庭背景等因素对学习的影响，从而为决策提供更丰富的信息支持。

（二）数字化转型中的教育管理者角色

1. 变革的推动者

数字化转型是教育管理领域的重大变革，教育管理者在其中担任着推动者的角色。管理者需要通过制定并执行数字化转型战略，引领学校向数据驱动、智能化方向发展。这包括推动技术基础设施的建设，如引入云计算、大数据分析平台等，以及推动学校文化的转型，使教师、学生和家长能够适应新技术、新工具的使用。

2. 技术与教育管理的桥梁

教育管理者的角色不仅是管理者，还是技术与教育的桥梁。在数字化转型过程中，教育管理者需要理解并有效利用技术工具，同时保持教育的核心价值观和使命。例如，管理者可以利用大数据分析对学生的学习进展进行预测，及时为学生提供辅导和支持；管理者需要确保这些技术工具在教育实践中的适应性和人性化。

3. 教育数据的管理者与决策者

随着大数据技术的发展，教育管理者还需要成为数据管理的主导者。在数据驱动的决策中，管理者不仅需要关注数据的收集与整理，还需要确保数据的隐私和安全，避免数据泄露和滥用。管理者需要学会利用数据提供的见解，做出科学合理的教育决策。

4. 创新应用的推广者

在数字化转型过程中，教育管理者还需扮演创新应用的推广者角色。例如，教育管理者可以引导教师使用智能化教学工具、在线评估系统等，以提升教学效果；他们还应鼓励学生利用数字平台进行自主学习，培养学生的数字化素养。

5. 数据驱动的政策制定者

随着数据和技术的不断进步，教育管理者需要依据数据分析结果制定和调整教育政策，这包括基于数据的课程设置、教师评估、学生学习路径的优化等。管理者需要确保政策制定不仅符合教育规律，还能够在技术支持下更好地执行和评估。

（三）跨学科合作与团队建设的必要性

1. 跨学科合作推动创新思维

大数据时代，教育管理的问题往往涉及多个领域的知识和技术。教育管理者必须积极推动跨学科的合作，结合教育学、信息技术、心理学、社会学等多个学科的知识，形成多元化的团队。这种跨学科合作能够为教育管理提供更加全面的视角，推动创新思维的形成。例如，教育数据分析不仅需要技术背景，还需要教育理论的支持，才能更好地理解数据背后的教育意义。

2. 团队协作提升管理效率

教育管理涉及的任务和问题繁多复杂，单一的管理者或部门难以完成所有任务。跨学科团队的合作能够分担各自的责任，通过协作完成更加复杂的任务。数据分析团队、IT技术团队、教育专家团队等可以围绕共同的目标合作，解决教育管理中的具体问题。通过协作，教育管理者能够更好地整合各方资源，提高决策和管理的效率。

3. 促进数据应用的全员参与

跨学科团队建设不仅限于管理者和技术人员，还应包括教师、家长和学生等各个教育主体。在数字化转型的过程中，管理者需要确保各方能共享数据和信息，促进跨部门合作。教师作为第一线的教育者，其对数据的应用能够帮助管理者及时获取教学效果的反馈，并根据这些数据调整教育策略和方法。

4. 提升组织的学习能力与应变能力

跨学科合作有助于提升教育管理团队的学习能力和应变能力。在数字化转型过程中，管理者需要通过持续学习新技术和管理理念，提升团队的整体水平。跨学科合作可以将来自不同领域的知识和经验整合起来，帮助团队在面对突发挑战时更加迅速和有效地做出响应。

5. 促进教育改革的顺利实施

数字化转型通常伴随着教育改革的深入推进，而跨学科合作能够为教育改革提供技术支持和理论保障。教育管理者可以通过与不同学科专家的沟通与协作，推动教育理念和技术的融合，实现教育改革的目标。

第二节　大数据分析专业人才的引进与培养

一、专业人才的需求与市场分析

（一）教育管理领域的大数据人才缺口

1. 人才短缺现状

随着大数据技术的广泛应用，尤其是在教育领域，大数据分析的需求日益增加。当前教育管理领域对于专业的数据分析人才的需求远远高于供给。这一方面是因为大数据技术的快速发展，使得很多教育管理者未能及时适应新技术，另一方面也由于大数据分析涉及多学科知识，如统计学、计算机科学和教育学等，导致相关专业人才的培养滞后，难以满足教育管理领域的实际需求。

2. 人才供需不匹配

在教育领域，大多数教育管理人员虽然具有丰富的教育管理经验，但缺乏数据分析和技术应用的知识。而大数据分析师通常专注于技术与数据本身，缺乏对教育行业的深入理解。这种供需不匹配导致了教育管理决策的效率低下和精准度不足。教育管理者亟须具备一定大数据素养的人员来帮助他们理解并利用数据，以提高教育决策的质量。

3. 教育大数据人才的行业缺口

尽管大数据技术在许多行业得到了广泛应用，但教育领域的数字化转型和大数据应用起步较晚，导致教育行业对于数据分析人才的需求尤其迫切。目前，教育领域急需大数据专业人才来进行数据的采集、分析、建模和可视化，以支持政策制定、教学评估、学生管理等方面的工作。

（二）大数据分析师与教育管理者的协作

1. 协作需求的背景

在教育管理中，数据分析师与教育管理者之间的协作是实现数据驱动决策的关键。大数据分析师的主要任务是处理、分析并解读教育管理过程中产生的数据，而教育管理者则需要将这些数据分析结果转化为具体的教育决策。教育管理者与数据分析师的协作能够促进数据分析与教育决策的有效结合。

2. 跨界沟通的挑战

由于教育管理者和数据分析师通常拥有不同的专业背景，沟通和协作过程中可能会遇到语言上的障碍。教育管理者侧重教育政策和实践，而数据分析师则关注算法和数据模型的优化。教育管理者需要具备一定的大数据知识，理解数据分析的基本过程和方法，以便更好地与数据分析师沟通，并能够正确地解读数据结果，做出科学的决策。

3. 协作模式的构建

为了有效推动大数据驱动的教育决策的形成，学校和教育管理机构可以建立跨学科的团队，促进教育管理者和数据分析师之间的互动与合作。例如，通过定期的会议、研讨会和培训课程，增进双方的理解，确保数据分析工作和教育管理决策之间的紧密联系。教育管理者可以在项目启动阶段与数据分析师共同定义问题和目标，从而确保数据分析过程和决策需求的一致性。

4. 数据分析师的角色定位

在教育管理团队中，数据分析师不仅仅是技术支持者，他们还需要在决策制定过程中发挥核心作用。数据分析师应根据教育管理者的需求，提供有价值的数据报告、分析结果以及可行的决策建议。数据分析师应具备对教育领域的基本理解，以便为教育管理者提供更加精准和相关的分析结果。

（三）专业人才培养的课程与培训体系

1. 跨学科的培养体系

大数据分析不仅仅是技术问题，它还涉及数据的收集、处理、分析和应用的各个方面，因此，培养大数据分析人才应构建跨学科的培养体系。具体来说，培养计划应包括数据科学、教育学、计算机科学、统计学等领域的课程内容，帮助学生掌握数据分析的核心技术，并了解教育管理的基本需求。教育管理专业人士可以通过这些课程学习如何运用数据科学方法解决教育问题。

2．技能与实践相结合的课程设计

大数据分析不仅需要理论知识，还需要较强的实践能力。培养大数据分析人才的课程体系应注重理论与实践的结合。课程设计应包括数据清洗、数据可视化、机器学习、人工智能等内容，同时提供案例分析和实践项目，帮助学生在实际操作中应用所学知识。对于教育管理者而言，针对性强的培训课程也能够提升他们在数据驱动决策中的应用能力。

3．定期的培训与更新

由于大数据技术和分析方法的快速发展，教育管理者和大数据分析师需要定期参加更新培训，以保持技术和理论的最新性。通过参加行业研讨会、技术交流会和在线课程等方式，教育管理者和大数据分析师不仅可以提升大数据应用能力，还能扩大专业视野，了解最新的教育管理工具和方法。例如，可以通过参与教育行业的数字化转型项目，帮助教育管理者更新观念、提升数据分析能力。

4．在线教育平台的支持

随着教育科技的发展，在线教育平台为大数据分析人才的培养提供了便利。通过在线平台，教育管理者和大数据分析师可以随时获取最新的培训资源，学习有关数据分析的核心技能。在线平台还能提供个性化学习路径，帮助学员根据自身需求选择相关课程进行学习。

5．行业认证与资格体系

为了规范大数据人才的培养和职业发展，教育领域可以建立行业认证体系。例如，通过教育数据分析的专业资格认证，可以提升教育管理者和数据分析师的职业素养，保证他们应对复杂数据分析任务的能力。

二、大数据分析人才的招聘与选拔

（一）招聘标准与岗位职责的明确

1. 招聘标准的设定

在招聘大数据分析人才时，需要明确招聘标准。这些标准应根据教育管理领域的需求，涵盖多方面的素质和能力。具体来说，招聘标准应包括教育管理背景、数据分析能力、技术掌握程度（如数据挖掘、机器学习、人工智能等技术）、沟通协调能力、跨学科的理解能力和团队合作精神等。招聘标准还应结合行业发展趋势，注重对候选人创新能力和学习能力的考察，以确保招聘到具有发展潜力的人才。

2. 岗位职责的定义

招聘大数据分析人才时，明确岗位职责是至关重要的。岗位职责应根据教育管理的具体需求进行定制，其中涵盖数据采集、处理、分析、报告编写、可视化展示等内容。例如，在教育管理岗位上，数据分析师可能需要负责学业成绩分析、学生行为分析、教师绩效评估等方面的工作。其职责还包括与教育管理者的沟通和协作，确保数据结果与实际教育管理决策结合。岗位职责的清晰定义有助于对候选人进行准确筛选和评价。

3. 跨学科能力的要求

在招聘过程中，除了考虑数据分析的技术能力外，还需要考虑候选人的跨学科背景。教育领域的数据分析不仅仅是技术问题，更需要与教育理论和实践结合。招聘标准应包括一定的教育学背景要求，或者至少要求候选人具备快速学习和理解教育管理相关知识的能力。这些能力能够确保大数据分析人才能够迅速适应教育管理工作中的特殊需求。

4. 软技能的评估

除了技术能力和专业背景，招聘大数据分析人才时还需关注其软技能，如沟通能力、团队合作精神、问题解决能力和创新意识等。大数据分析师在教育管理决策中扮演着重要角色，良好的沟通能力有助于他们更有效地与教育管理者协作，将数据分析结果转化为实际决策支持。

（二）人才选拔中的技能与经验考核

1. 数据分析技能的考核

在选拔过程中，候选人的数据分析技能是首要考量的因素。这些技能应包括数据清洗、数据处理、数据建模、数据可视化、统计分析，以及数据分析和编程语言能力，如 Python、R、SQL、Hadoop 等。面试过程中可以通过实际案例分析或者技能测试来考核候选人的数据处理和分析能力。

2. 项目经验的考察

大数据分析不仅仅依赖理论知识，还依赖实际项目经验。选拔过程中，应重点考察候选人过往参与的项目，尤其是与教育管理相关的项目经验。例如，候选人是否有过学业成绩分析、学生行为预测、教育资源优化等领域的实际项目经验，这些经验能够反映出他们对教育领域数据的理解和应用能力。通过对候选人项目经验的考核，可以更好地评估其解决实际问题的能力。

3. 技术与教育的结合能力

在教育管理的背景下，数据分析师不仅需要具备扎实的技术基础，还需能够将技术与教育管理实际需求进行结合。在选拔过程中，考核候选人应具备教育管理知识，以及如何将技术手段应用于解决教育领域实际问题的能力，尤其是在学生成绩分析、教师评估、课程设置优化等方面的能力。这可以通过面试中的情景模拟或者案例讨论来评估。

4. 沟通与表达能力

大数据分析的成果最终需要被教育管理者理解和应用。候选人的沟通与表达能力同样是选拔中的重要指标。在选拔过程中可以通过让候选人向面试官简述自己过往的项目经历、数据分析过程和成果，评估其将复杂数据分析结果转化为易于理解的语言和报告的能力。

5. 持续学习和创新能力的评估

大数据技术快速发展，人才需要不断更新知识和技能。选拔时应关注候选人的学习能力与创新能力，评估其是否具备跟随技术进步、快速学习并应用新技术的能力。通过对候选人持续学习经历和创新项目的评估，学校能够预测其在未来工作中的适应能力和发展潜力。

（三）人才招聘的渠道与策略优化

1. 多渠道招聘

在当前的招聘环境中，单一的招聘渠道已难以满足对大数据分析人才的需求。教育机构可以通过多种渠道发布招聘信息，包括高校毕业生招聘会、在线招聘平台、行业专业网站以及社交媒体等。与技术公司、咨询公司和数据分析机构的合作也能够为教育领域吸引到高素质的人才。通过多渠道招聘，能够提高招聘的覆盖面和精准度，确保获得适合的候选人。

2. 校企合作与实习项目

教育机构与高校及企业的合作能够为人才培养和招聘提供更多机会。通过建立实习项目或联合培养计划，学校可以在实际工作环境中发现并培养潜力人才。校企合作还可以提供更多实践机会，帮助学生更好地了解教育管理的需求，进而培养出符合实际需求的大数据分析人才。

3. 优化招聘广告与职位描述

在招聘过程中，明确的职位描述和招聘广告至关重要。教育机构可以通过详细描述岗位职责、技能要求及工作内容，帮助潜在的候选人了解自己是否适合该职位。招聘广告中应强调职位的成长空间和教育行业的社会意义，吸引那些有志于教育管理并希望发挥大数据分析能力的专业人士。

4. 加强行业合作与网络建设

教育管理领域可以加强与大数据行业的合作，建立行业内的人才网络。例如，通过参与大数据技术会议、教育管理研讨会等，教育管理机构能够结识行业内的专家和人才。教育管理机构也可以与教育数据分析相关的技术公司、软件开发公司等建立长期合作关系，获取更多的人才支持。

5．提供激励机制与职业发展路径

为了吸引和留住优秀的大数据分析人才，教育管理机构应提供具有竞争力的薪酬待遇，并制定清晰的职业发展路径。特别是对于那些具备创新能力和丰富经验的高级人才，应给予更多的职业晋升机会和技术创新的空间，同时还可以提供定期的培训、学术交流、职业发展计划等，提升人才的职业归属感和发展前景。

三、人才培养的实践与合作模式

（一）高校与企业合作培养数据分析人才

1．合作培养的必要性

随着大数据在教育管理中的重要性不断提升，高校与企业的合作培养模式愈加成为一种有效的方式。高校提供理论基础和学术支持，而企业则提供实际应用场景和技术支持。教育管理领域的实际需求和行业发展日新月异，单一的教育模式已难以满足人才培养的需求。高校与企业的合作，可以确保培养的人才既具备扎实的理论基础，又能够在实际工作中迅速上手。

2．合作方式的多样化

高校与企业的合作可以通过多种形式展开。例如，企业可以为高校提供大数据分析的真实数据，并作为教学案例；高校可以为企业提供理论研究成果，帮助企业解决实际问题。企业还可以参与课程设计、教材编写等，确保课程内容与行业需求相契合。合作还可以通过联合实验室、项目研究等形式加深校企之间的互动，提升学生的实践能力。

3．人才培养的双向受益

高校与企业的合作不仅是高校为企业培养人才，也是企业为高校提供技术支持和就业机会。企业可以根据实际需求，参与人才培养的全过程，包括设定课程内容、提供实践平台、参与学生考核等。这种模式有助于学生了解行业的前沿动态，提前适应职场环境，同时也为企业提供了符合需求的高素质人才。

4. 校企联合项目和实习机会

为了进一步提升学生的实践能力，高校可以与企业联合开展数据分析项目，学生在项目中扮演数据分析师的角色，参与实际的分析任务，获取第一手的实践经验。企业还可以为学生提供实习机会，让学生在实际工作环境中锤炼技能，积累经验。这种产学研结合的模式，有助于提高学生的就业竞争力，推动教育管理人才的高效培养。

（二）在线教育平台与个性化学习路径

1. 在线教育平台的崛起

随着互联网的发展，在线教育平台成为一种灵活高效的人才培养方式。在线平台能够提供丰富的学习资源，尤其在大数据分析技术的教学上，在线平台具有一定优势。学生可以根据自身需求和时间安排，随时随地学习相关的课程。在线平台的互动性和社群功能也使得学生能够与来自不同地区的同行分享经验，进行学术交流。

2. 个性化学习路径的设计

在线教育平台的一个重要优势是可以提供个性化学习路径。通过平台的学习数据分析，学生可以根据自己的学习进度和知识掌握情况，定制适合自己的学习计划。例如，对于有一定数据分析基础的学生，可以推荐进阶课程，而对于初学者，可以从基础课程开始，逐步提高技能水平。这种个性化的学习方式可以帮助学生更高效地掌握大数据分析技术，提升其实际应用能力。

3. 灵活的课程设置与认证体系

在线教育平台还可以提供灵活的课程设置，帮助学生根据个人兴趣和需求选择课程。平台可以根据教育管理领域的具体需求设计课程，如数据清洗、数据可视化、机器学习等，同时提供认证体系，让学生在完成课程后获得相应的证书或学分。平台还可以通过项目实践、案例分析等形式，将理论知识与实际应用相结合，提高学生解决实际问题的能力。

4. 在线教育的实时反馈与评估

在线教育平台能够提供实时反馈和评估，帮助学生跟踪自己的学习进度和效果。例如，通过在线测试、作业提交等方式，平台可以评估学生对课程内容的理解程度，并根据评估结果调整学习路径。这种及时反馈机制有助于学生发现自己的不足，及时调整学习策略，确保学习效果的最大化。

（三）实习与实践课程的结合与优化

1. 实践课程的重要性

理论知识的学习固然重要，但对于大数据分析人才而言，实践能力的培养同样不可忽视。通过实践课程，学生可以将所学的理论知识应用到实际问题中，深入理解数据分析过程，提升实际操作能力。例如，学生可以在实践课程中分析真实的教育数据，解决实际的教育管理问题，进行数据清洗、数据建模和可视化等工作。这种实践性的课程内容能够帮助学生快速掌握数据分析技能，提升其就业竞争力。

2. 校企合作中的实习机会

学校和企业的合作不限于课程设计和学术研究，企业还可以为学生提供丰富的实习机会。在企业实习期间，学生能够接触到真实的教育管理数据，参与实际的项目，提升分析技能。企业还可以在实习期间评估学生的工作能力，优秀的实习生有机会直接被企业录用，形成学以致用的良性循环。

3. 实践课程的优化与创新

为了进一步提高实践课程的效果，学校应当根据行业需求不断优化课程内容，创新教学方式。例如，可以通过模拟教学、案例分析、项目驱动等形式，使学生能够面对更复杂、更真实的教育管理问题。实践课程还应注重跨学科的知识融合，帮助学生了解教育管理的实际需求，并将数据分析技术有效应用。

4. 数据分析项目的设计与实施

为提升实践课程的质量，学校应设计具有挑战性的实践项目，帮助学生积累实际操作经验。例如，可以设计一些涉及学生成绩预测、教师绩效评估、教育资源优化等方面的数据分析项目，既符合教育管理的实际需求，又能够展示学生的数据分析能力。学生在这些项目中进行全流程的数据分析工作，其中包括从数据采集、清洗到模型建立、结果分析等，确保他们在实际操作中掌握核心技能。

5. 实践课程与评估机制的结合

在实践课程的设计中，评估机制也是一个重要组成部分。学校可以通过项目报告、成果展示、同行评审等方式，评估学生的学习成果和实践能力。这种评估机制能够帮助学生及时发现问题，并进行自我调整。教师也可以根据学生的表现给予个性化指导，帮助学生进一步提高其数据分析能力。

第三节 团队协作模式在大数据管理中的应用

一、团队成员之间的信息共享与协作

（一）信息共享的重要性

在大数据管理中，团队成员之间的有效信息共享是确保项目顺利进行的关键。每个成员在其专业领域中可能拥有不同的数据和见解，而这些信息能帮助团队更全面地理解问题并制定有效的决策。建立一个信息共享机制，使得团队成员能够迅速获取相关的背景资料、分析数据和项目进度，是提高团队效率的基础。

（二）信息共享平台的建设

为了实现信息共享，团队应建立统一的信息平台，如使用企业级的协作工具（如 Slack、Microsoft Teams、Trello 等），这些工具能有效地促进实时沟通和文件共享。平台应具备数据上传、实时更新、协同编辑和反馈等功能，以便团队成员能够随时查看最新的工作进展和资源，确保团队信息的一致性和透明度。

（三）数据和资源的共享机制

除了信息的共享外，数据本身的共享也是大数据管理中不可忽视的环节。团队成员应共享数据分析工具、模型和结果，避免重复工作并确保资源的高效利用。通过制定数据共享协议和标准化的格式，可以使数据共享变得更加规范和高效，降低因数据不一致或数据格式不统一带来的风险。

（四）文化建设与协作氛围

除了技术和平台支持，团队文化也是信息共享的关键。团队应鼓励开放和透明的沟通文化，提倡成员之间的互帮互助，减少信息孤岛的形成。在实际操作中，定期的团队会议、线上讨论和反馈机制，可以促进团队成员间的经验分享和知识传递，提升整个团队的协作效能。

二、跨部门、跨学科的协作机制构建

（一）跨部门协作的必要性

在大数据管理的过程中，涉及的内容通常跨越多个部门和学科领域。建立跨部门协作机制对于提升决策效率和数据分析效果至关重要。各部门之间需根据共同目标协同工作，整合来自不同来源的数据，提出多维度的分析视角，最终实现最佳决策方案。

（二）跨学科团队的构建

跨学科的协作能够为数据分析项目带来更多视角和创新性解决方案。例如，教育管理数据的分析可能需要结合教育学、心理学、数据科学、社会学等多个学科的知识。跨学科的团队能够将各学科的优势融入数据分析的每一个环节，从而提高分析的精度和决策的有效性。为了确保跨学科协作的顺利进行，可以通过联合研讨会、跨学科工作坊等形式，促进各领域专家之间的知识交流。

（三）协作机制的具体操作

跨部门、跨学科的协作需要有清晰的机制和流程支持。例如，在数据分析项目中，各部门的职责和任务应事先明确，避免重复劳动和资源浪费。每个部门和学科都应明确自己的角色，并在项目实施过程中保持良好的沟通。定期的进度汇报和跨部门会议能够确保各方及时反馈问题，及时调整方向和策略。

（四）协作工具和平台的支持

为了更好地实现跨部门、跨学科的协作，团队应充分利用协作工具和平台，确保不同部门和学科的成员能够及时共享信息、交流意见，并协同工作。例如，采用云计算平台进行数据存储与共享，使用协作工具（如 Asana、Jira 等）进行任务分配和进度跟踪，它们通过集中的数据仓库和数据分析平台汇集信息，确保各方及时获取所需数据和信息。

（五）解决跨学科协作中的冲突

跨学科团队中可能存在知识背景不同、思维方式差异的问题。在这种情况下，项目负责人应具备调解冲突和促进团队合作的能力。通过加强团队的沟通和协调，明确团队目标，建立相互尊重的氛围，能够有效避免学科间的冲突，提高协作效率。

三、大数据团队协作的项目管理与执行

（一）项目管理的重要性

大数据分析项目通常涉及多方参与和复杂的任务安排，合理的项目管理至关重要。项目管理不仅要关注进度和质量控制，还需要确保团队协作的顺利进行。有效的项目管理能够帮助团队明确目标、分配资源、协调任务，最终提高项目的成功率。

（二）敏捷项目管理方法的应用

在大数据团队协作中，采用敏捷项目管理方法（如 Scrum、Kanban 等）能够有效提高团队的灵活性和响应速度。通过将项目拆分为多个小的迭代阶段，可以确保项目能够快速适应变化，及时处理突发问题，并避免长期拖延。团队成员能够在每个迭代周期内进行反馈和调整，提高工作效率。

（三）项目进度监控与评估

项目管理还需要实时监控和评估项目的进度和质量。在大数据分析项目中，进度监控不仅包括数据采集、清洗、建模、分析等各环节的进度，还应评估分析结果的准确性和可行性。使用 Gantt 图、任务看板等工具能够帮助项目经理清晰地了解项目的进展，及时发现和解决问题。

（四）跨部门协调与资源调配

大数据项目往往需要跨多个部门合作，因此项目经理需要协调各部门的资源，确保各方资源的高效利用。项目管理者应根据项目的需求，合理调配各部门的人员、技术和资金，避免资源浪费。在资源调配过程中，项目经理应保持透明和沟通，确保各部门的需求得到满足，确保项目顺利实施。

（五）团队协作中的领导力

大数据团队协作不仅仅依赖于项目管理工具和流程，领导者的有效引导也至关重要。项目负责人需具备强大的沟通、决策、协调和激励能力。在团队协作中，领导者不仅要解决技术和任务上的问题，还需要解决成员之间的沟通问题、冲突问题，以激发团队的积极性和创新精神，保持团队的稳定性和凝聚力。

四、团队协作工具与平台的选择与应用

（一）协作平台与数据分析工具的选择

1. 协作平台的选择

随着大数据分析项目的复杂性和多学科协作的增加，选择合适的协作平

台至关重要。协作平台需要具备支持团队成员实时沟通、文件共享、任务管理和进度跟踪的功能。常见的协作平台包括 Slack、Microsoft Teams、Google Workspace 等。这些平台不仅能提供即时的消息交流功能，还能集成日历、任务管理和文档编辑等功能，确保团队成员能够及时获得信息并进行高效合作。

2. 数据分析工具的选择

在大数据团队协作中，选择合适的数据分析工具对团队效率和项目成果至关重要。工具的选择应根据团队的需求、数据量、分析复杂度和用户的技能水平来决定。常见的分析工具包括 Python、R、SQL、Tableau、Power BI 等。Python 和 R 是数据科学家和分析师的常用工具，适用于数据清洗、建模和分析。Tableau 和 Power BI 则是强大的数据可视化工具，适合展示分析结果并与团队分享。

3. 集成与兼容性

协作平台和数据分析工具应具有良好的兼容性和集成能力，确保数据和信息能顺畅流通。例如，一些协作平台支持与常用数据分析工具（如 Excel、Python、SQL 数据库等）的无缝集成，允许团队成员在协作平台中直接共享分析结果和报表。通过统一的平台和工具，团队成员可以避免重复工作，提高协作效率。

4. 安全性和权限管理

大数据分析涉及大量敏感信息，选择的协作平台和分析工具需要具备强大的安全性和权限管理功能。协作平台应支持用户权限的细化设置，确保只有授权人员可以访问敏感数据或进行重要决策。数据分析工具也应提供加密、数据备份和访问日志等安全功能，保障数据的安全性和团队成员的隐私。

（二）项目管理工具的应用与优化

1. 项目管理工具的作用

项目管理工具可帮助团队高效规划、执行和监控项目进度。对于大数据分析项目而言，项目管理工具不仅能够管理任务分配、进度跟踪，还能够促进团队成员之间的沟通和协作。常见的项目管理工具有 Trello、Asana、Jira、Monday 等。这些工具提供了可视化的任务看板，团队成员可以清晰地看到任务的状态、优先级和截止日期。

2. 任务分配与进度跟踪

项目管理工具的核心功能之一是任务分配与进度跟踪。在大数据团队协作中，任务通常涉及数据采集、清洗、建模、分析、报告撰写等多个环节。项目管理工具可以帮助项目经理将任务分配给具体成员，并设定完成时间和优先级。任务完成后，团队成员可以标记为已完成，方便跟踪进度并确保项目按时完成。

3. 跨团队协作与沟通

大数据项目往往涉及多个团队和不同领域的专家，项目管理工具有助于促进跨部门、跨学科的协作和沟通。团队成员可以在项目管理工具中留言、讨论问题、分享文件，并实时更新项目进展。通过这种集中式的信息交流，项目管理工具能有效减少沟通障碍和信息误差。

4. 资源调配与风险管理

在大数据团队协作中，项目管理工具还能够帮助团队有效调配资源和进行风险管理。例如，项目经理可以在工具中设定团队成员的工作负载，确保工作量合理分配。工具还可以帮助团队识别潜在的风险，如任务延迟、人员空缺或资源短缺，并采取相应的措施进行调整，确保项目顺利推进。

5. 工具的持续优化

随着团队经验的积累和项目需求的变化，项目管理工具也需要进行持续优化。例如，团队可以根据实际需求调整任务看板的布局，增加自定义字段，调整任务的优先级设置等。团队还应定期回顾项目管理工具的使用效果，收集成员反馈，不断优化工具的使用方式，以提高工作效率和项目管理质量。

（三）数据可视化工具在团队协作中的支持

1. 数据可视化工具的作用

在大数据分析中，数据可视化是将复杂数据转化为易于理解和分析的信息的重要手段。数据可视化工具通过图表、地图、仪表盘等方式，帮助团队成员快速识别数据中的趋势、关系和异常，从而做出更有效的决策。在团队协作中，数据可视化工具能促进团队成员对数据的理解和分析，帮助不同背景的团队成员在共同的基础上进行协作。

2. 常见的数据可视化工具

数据可视化工具有很多种，适用于不同的数据分析需求。常用的工具包括 Tableau、Power BI、Google Data Studio 等。这些工具能够从不同的数据源中提取数据，并以图形化方式展示，帮助团队成员直观地了解数据的分布、变化趋势和潜在问题。例如，Power BI 和 Tableau 可以直接与数据库连接，实时生成数据仪表盘和图表，方便团队进行数据分析和决策。

3. 团队协作中的数据共享与展示

在大数据项目中，数据可视化工具不仅能帮助团队成员快速分析数据，还是数据展示和共享的工具。团队成员可以通过共享的仪表盘或图表，将分析结果展示给其他成员或决策者。通过可视化的形式，团队成员能够更清晰地理解复杂的数据，提高沟通效率和决策效果。

4. 支持决策和汇报

在数据驱动的决策过程中，数据可视化工具帮助团队将分析结果以清晰、简洁的形式呈现给管理层或其他利益相关者。例如，在教育管理领域，通过可视化分析学生成绩、教师绩效或学校资源分配等数据，可以帮助决策者快速识别问题并制订改进方案。数据可视化工具能够帮助团队汇报项目进展，展示数据分析的结果和影响，有助于推动决策的制定与执行。

5. 实时数据更新与动态调整

数据可视化工具的另一大优势是能够进行实时数据更新。在大数据项目中，数据量庞大且变化快速，实时更新和动态调整对于确保决策依据的时效性至关重要。通过数据可视化工具，团队能够在实时数据的基础上进行决策，避免因数据滞后而带来的决策失误。

6. 培训与支持

数据可视化工具的使用需要团队成员具备一定的技能和知识。为了确保团队能够有效使用这些工具，组织应提供相关培训，帮助团队成员掌握工具的基本操作和数据分析技巧。可以通过内部分享会、线上课程或外部专家指导等方式，提升团队的可视化能力，确保工具的高效使用。

五、团队建设与协作效能的评估与改进

（一）团队协作效果的评估指标与方法

评估团队协作效果的核心在于通过明确的指标来量化和分析团队的协作质量与效率。常见的评估指标包括任务完成的质量与效率、团队成员之间的沟通效果、信息共享的程度和团队成员的满意度等。通过定量的数据（如任务完成时间、绩效评分等）和定性的方法（如成员的反馈、团队氛围调查）相结合，团队协作效果的评估可以全面反映协作中的优势和问题。这些评估结果不仅能帮助团队了解当前的工作状态，还为后续的改进和优化提供了依据。

（二）团队合作的瓶颈与解决策略

在团队协作中，常见的瓶颈包括沟通不畅、角色和责任不清、决策过程不合理和资源冲突等。沟通不畅可能导致信息滞后或误解，影响任务进度和质量；角色不清可能导致职责重叠或遗漏，影响团队效率；决策机制不合理则可能导致决策迟缓或缺乏灵活性。解决这些问题的策略包括建立明确的沟通渠道和任务分配机制，优化决策流程，合理分配资源，确保团队成员能够在明确的框架内协作。

（三）持续改进与创新能力的培养

为了应对快速变化的环境和技术，团队需要保持持续改进的动力和创新

能力。持续改进依赖于定期的反馈和评估机制，帮助团队发现问题并优化工作流程。培养创新能力则需要鼓励跨学科合作，提供学习和实验的机会，激发团队成员的创造力。通过不断反思和学习，团队能够在实践中不断创新和完善，从而提升整体协作效能。

第四节　持续学习与创新能力的打造

一、教育管理者的持续学习机制

随着大数据和新技术的不断发展，教育管理者需要通过持续学习来适应这些变化，提升自己的管理能力和决策水平。

（一）大数据技术的持续学习与掌握

教育管理者需要不断更新自己对大数据技术的理解和应用能力。这不仅包括数据分析的基本技巧，还需要掌握如何通过大数据支持决策和提升管理效率。定期参加相关的培训和研讨会，学习最新的数据处理工具和分析方法，能够帮助教育管理者在实际工作中更好地应用大数据技术。

（二）教育领域新技术的跟进与应用

随着科技的进步，教育领域不断涌现出新的技术，如人工智能、机器学习、云计算等，这些技术对于教育管理和教学都有重要影响。教育管理者应当积极跟进这些新技术的最新进展，理解它们在教育管理中的应用场景，并探索如何将这些技术有效融入教育管理实践中，提高教育质量和管理效率。

（三）教育管理者个人学习能力的提升

除了学习新的技术，教育管理者还应不断提升自己的学习能力，如批判性思维、信息筛选和整合能力、解决问题的能力等。个人学习能力的提升有助于教育管理者快速适应新环境，并能够灵活运用新的知识和技能去解决复杂的教育管理问题。可以通过阅读专业书籍、参与线上课程、与同行交流等方式，不断积累知识和经验。

二、创新能力的培养与应用

创新能力对于教育管理者和团队来说至关重要，尤其是在大数据和新技术不断推动教育行业发展的今天。教育管理者应通过多种方式培养和应用创新能力，提升教育管理水平和决策质量。

（一）创新思维与实践案例的引导

创新思维是推动教育管理创新的核心。教育管理者应通过引导团队成员进行头脑风暴、问题导向的讨论等方式，激发创新思维。分享和分析行业内外的创新实践案例，帮助团队理解创新在实际工作中的应用。例如，通过引入其他教育机构的成功案例，教育管理者可以为团队提供实践的蓝本，激励成员结合自身实际提出创新解决方案。

（二）数据创新与教育模式的结合

随着大数据技术的发展，教育管理者应通过创新性的思维将数据分析与教育模式相结合，推动教育管理的转型。例如，利用学生的学习数据分析，教育管理者可以创造性地调整教学策略或课程设置，以适应学生的个性化需求。数据驱动的教育模式能够为学校提供更加精准的决策支持，提高教学质量和管理效能。

（三）团队文化与创新能力的培育

一个支持创新的团队文化对提升整体创新能力至关重要。教育管理者可以通过建立开放的沟通渠道，鼓励团队成员提出新想法，并容忍失败，逐步培养团队成员的创新意识和实践能力。同时，定期组织团队内的创新分享会和工作坊，促进成员间的知识交流和创意碰撞，这有助于团队不断创新并优化工作方法。

三、持续学习与创新机制的建设与优化

要推动教育管理领域的持续学习与创新，教育管理者需要建立有效的机

制，使学习和创新成为日常管理和决策的一部分。

（一）学习型组织的建设与运行机制

学习型组织的建设是促进持续学习的基础。教育管理者应推动组织文化的转型，创建一个鼓励学习和知识分享的环境。通过定期的培训、学习小组、专家讲座等方式，促进员工在实际工作中不断学习和成长。建立灵活的知识管理平台，鼓励成员记录和分享经验，使得组织内的知识能够快速流动并被有效利用。学习型组织的运行机制应确保信息的开放性和流动性，推动每个成员都能在组织中找到学习和成长的机会。

（二）创新能力的评估与激励措施

为了激励团队的创新能力，教育管理者应制定清晰的创新评估指标，并通过奖励机制激励创新行为。例如，可以通过项目成果、团队创新成果或个人贡献等方面来评估创新能力。激励措施不仅限于物质奖励，还可以通过职业晋升、公开表彰、参与更高层次的决策等方式激发成员的创新潜力。创新评估与激励机制的目的是创造一个能够持续推动创新的工作氛围，鼓励成员勇于尝试和提出新的解决方案。

（三）学习与创新的结合点与跨界发展

持续学习和创新不能孤立进行，二者应紧密结合，形成良性循环。教育管理者应鼓励团队成员将学习到的知识应用到实际工作中，并通过创新的方式解决问题。跨界合作和跨学科发展对于推动创新至关重要。通过与其他领域的专家、团队或机构的合作，可以引入新的视角和解决方案，促进创新思维的碰撞和发展。例如，教育管理者可以推动与科技公司、心理学研究机构等的跨界合作，融合不同领域的知识来优化教育管理决策和教学模式。

第八章　大数据时代学生教育管理的挑战与应对

第一节　大数据安全与隐私保护挑战

一、大数据在教育管理中的安全隐患

（一）学生数据安全与隐私保护问题

在大数据时代，教育管理系统涉及大量学生的个人信息、成绩记录、行为数据等敏感数据。如果这些数据被不当访问或滥用，可能导致严重的隐私泄露问题。学生数据的安全问题不仅关系到个人隐私的保护，还涉及教育机构的声誉和合法性。教育管理者必须对数据安全有充分的认识，采取有效措施保护学生的隐私信息。

（二）数据泄露的风险与潜在威胁

数据泄露是大数据时代的一大安全隐患，尤其在教育管理中，由于大量敏感数据的集中存储和处理，泄露的风险更为严重。这些数据可能被黑客攻击、内部人员滥用或在未经授权的情况下外泄。数据泄露不仅会导致学生个人信息的丧失，还可能影响学校的运营和政策决策。必须采取技术手段和管理策略，防止数据泄露。

（三）网络攻击与数据破坏的可能性

在大数据环境下，教育机构的管理系统可能成为网络攻击的目标，黑客可能通过恶意软件、钓鱼攻击等手段获取敏感数据或破坏数据的完整性。数据破坏会直接影响学校的教学管理和决策制定，甚至导致关键数据的丢失或篡改。教育管理者需要采取一系列防护措施，确保教育管理系统的安全性和数据的完整性。

二、数据安全管理的现状与挑战

（一）当前教育管理系统中的安全漏洞

许多教育管理系统在设计和实施过程中存在一定的安全漏洞，如未及时更新安全补丁、弱密码管理、缺乏多重身份验证等问题。这些漏洞使得系统容易受到攻击，导致敏感数据的泄露或丢失。教育管理者需要审视现有系统，识别潜在的安全隐患，并进行定期的安全评估和加固。

（二）数据加密与访问控制技术的应用

数据加密和访问控制是保护数据安全的有效技术手段。数据加密可以确保即使数据被窃取，攻击者也无法读取数据内容。访问控制则通过限制不同用户对数据的访问权限，确保只有授权人员可以访问敏感信息。目前许多教育管理系统在数据加密和访问控制的实施上存在不完善的地方，需要进一步加强这些技术的应用。

（三）数据保护法律与伦理框架的完善

数据保护法律与伦理框架的完善是解决大数据安全隐患的关键，许多国家和地区已经制定了关于个人信息保护的法律，如 GDPR 等。在教育领域，关于学生数据隐私保护的法规和政策仍有待完善。教育管理者需要关注数据保护法律的发展，确保数据处理过程中合法合规，同时还应关注伦理问题，避免在数据采集和使用过程中对学生造成不良影响。

三、大数据隐私保护的解决策略

（一）个人信息保护的法律法规与政策

在应对大数据隐私保护挑战时，需要完善相关法律法规，确保学生个人信息的合法使用。教育管理者应密切关注数据保护法律的变化，遵循数据保护法规要求，如数据存储、传输和使用必须透明、合规。学校应建立健全数据保护政策，加强员工培训，确保每一位工作人员都了解相关法律法规，并在日常工作中严格执行。

（二）教育管理中数据加密与匿名化技术

数据加密和匿名化技术是确保学生隐私的有效手段。教育管理者应推广和实施数据加密技术，使得所有存储和传输的数据都经过加密处理，防止未经授权的访问。通过数据匿名化技术，将学生的个人身份信息去除或模糊化，即使数据泄露，也无法直接关联到特定的个体，从而有效保护隐私。

（三）多层次安全架构与风险防范措施

建立多层次的安全架构是防范大数据安全隐患的重要措施。教育管理者应设计一套完整的安全防护体系，涵盖网络安全、数据安全、应用安全等多个方面。必须定期进行风险评估与演练，及时发现和修复系统中的潜在漏洞。同时，加强应急响应机制，确保一旦发生安全事件，能够迅速采取有效措施进行应对，最大限度减少损失。

第二节　技术更新与系统兼容性问题

一、技术更新带来的挑战

（一）大数据技术迭代与教育管理系统的适配

随着大数据技术的不断发展和迭代，教育管理系统面临着如何适配新技术的问题。新技术可能带来更高的数据处理效率和更智能的分析能力，但如果教育管理系统不能及时更新和适配，就无法有效利用这些技术优势。教育管理者需要不断评估新技术的适用性，并确保现有系统能够与这些新技术顺利对接，提升教育管理的智能化和自动化水平。

（二）系统升级过程中的数据迁移问题

在进行系统升级时，数据迁移往往是一个复杂的过程。特别是在教育管理中，涉及大量学生信息、成绩数据、课程内容等数据，迁移过程中需要保证数据的完整性、准确性及安全性。数据迁移的失败或出现问题可能会导致重要数据的丢失或错乱，影响系统的正常运行。教育管理者需要制订详细的数据迁移计划，采取有效的技术手段进行数据转移和验证，确保顺利完成系统升级。

（三）新技术的引入与人员的技术适应能力

新技术的引入往往要求教育管理者和相关人员具备一定的技术适应能力。不同人员对新技术的掌握程度不同，导致技术适应能力参差不齐。在技术更新过程中，教育管理者需组织相应的培训和支持，帮助员工熟悉新系统的操作和新技术的应用，减少因技术适应不良导致的工作效率降低或系统操作失误。

二、教育管理系统的兼容性问题

（一）旧有系统与新技术的兼容性分析

许多教育机构在管理系统的建设上投入较大，但随着新技术的不断发展，旧有系统可能无法有效支持新技术的应用，存在兼容性问题。教育管理者需要对现有系统进行详细的兼容性分析，评估是否需要对系统进行大幅度的重构或升级，以便与新的技术标准和应用平台对接，保障教育管理的连续性和高效性。

（二）不同平台之间的数据共享与接口对接

教育管理过程中，往往需要将不同平台上的数据进行整合和共享。不同平台之间的数据格式、标准和接口可能存在差异，导致数据的共享和接口对接困难。为了克服这一挑战，教育管理者需要引入统一的数据标准和接口协议，确保不同系统之间的数据能够顺利流通，避免因系统兼容问题导致的数据孤岛现象。

（三）技术整合与数据流转的高效性问题

技术整合涉及多个系统、平台和技术的协同工作。如何保证不同技术组件的顺畅协作和数据的高效流转，成为教育管理中的一大挑战。教育管理者需要优化系统架构设计，提升数据流转的高效性，确保不同系统之间的数据传输和处理不出现问题，进一步提高教育管理的效率和决策支持能力。

三、应对技术更新与兼容性问题的策略

（一）系统升级中的渐进式替换方案

为了应对技术更新带来的兼容性问题，教育管理者可以采用渐进式替换方案，即逐步更新和替换系统中的各个模块，而不是一次性进行全面升级。通过这种方式，可以降低系统升级的风险，同时确保旧有系统和新技术能够兼容工作，为平稳过渡提供保障。逐步替换的过程还可以给教育管理者和团队足够的时间来适应新技术。

（二）跨平台数据交换与接口技术的提升

为了解决不同平台之间的数据共享和接口对接问题，教育管理者需要采用先进的接口技术和数据交换协议，确保不同系统之间能够实现无缝对接。应用开放 API、标准化的数据接口协议等技术，可以提高数据交换的灵活性和效率，减少接口不兼容而导致的系统无法正常运行的风险。

（三）团队能力的提升与跨技术的协同合作

面对技术更新和系统兼容性的问题，教育管理者应注重团队能力的提升，尤其是跨技术的协同合作能力。跨部门、跨学科的合作，可以促进技术专家与管理人员之间的沟通与协作，共同解决技术整合和系统兼容性的问题。因

此，可为团队提供系统性培训，提升成员对新技术的理解和应用能力，确保高效应对技术更新和兼容性问题。

第三节　教育管理理念转变的困境

一、传统教育管理理念的局限性

（一）以知识为核心的教育管理模式的困境

传统的教育管理模式多以知识传授为核心，强调学生在课堂上的学术成绩和标准化考试。这种单一的评估标准忽视了学生的全面发展，特别是其创新能力、团队协作能力、情感智力等综合素质的培养。在大数据时代，学生的个性化需求和多元化发展逐渐成为教育的核心，传统的“以知识为中心”的教育模式显得过于单一和局限，无法满足现代社会对人才的多维需求。

（二）缺乏个性化教育理念的挑战

传统的教育管理理念通常将所有学生视为一个群体进行管理，缺乏对个体差异的关注。在这种模式下，学生的学习方式、节奏、兴趣和能力往往未能得到有效的关注与引导。随着教育技术的进步，尤其是大数据分析技术的应用，教育管理应逐步转向关注学生的个性化学习需求，提供定制化的教育路径和内容。

（三）数据驱动决策在传统管理中的滞后

传统的教育管理决策主要依赖经验和直觉，而非数据支持。这种方式往往存在一定的偏差和局限，特别是在面对复杂多变的教育管理问题时，难以提供全面、准确的解决方案。随着大数据技术的发展，教育管理逐步向数据驱动决策转型，但许多传统管理模式尚未实现数据化管理，仍然依赖传统的决策方式。数据驱动的决策在传统教育管理中往往滞后，无法充分发挥数据分析的优势来提高管理效率和决策精准度。

二、教育管理理念转变的困难与阻力

（一）教育管理者的观念转变与适应困难

教育管理者通常在长期的工作中形成了固定的思维模式和管理理念，这些传统观念往往是基于经验和直觉的。随着大数据和新技术的引入，教育管理者需要调整自己的思维方式，从依赖传统管理方法转向数据驱动的决策过程。这一转变对于许多管理者来说并非易事。观念上的转变涉及对数据重要性认识的提升、对新技术的信任建立以及对新的工作模式的适应，这些都需要时间和大量的学习投入。部分管理者可能对新技术的复杂性和不确定性感到恐惧，缺乏足够的动力进行转变，导致教育管理理念的更新进程缓慢。

（二）学校文化与传统管理体制的制约

学校的文化和传统管理体制对教育管理理念的转变具有重要影响。许多学校仍然采用传统的等级式管理和闭环式决策流程，这种结构化的管理模式在信息流动上存在壁垒，且决策效率较低。学校文化往往强调稳定性和延续性，导致在面对新技术和新理念时表现出一定的保守性和抗拒性。改变现有的学校文化，尤其是在短期内推动技术更新和管理理念转型，会遇到较大的制度性和文化性阻力。学校领导层的认知和推动力，教师与学生的接受程度，都直接影响理念转变的速度和效果。

（三）师生接受新理念与新技术的难度

除了教育管理者，教师和学生在接受新理念和新技术时也面临不小的挑战。教师往往已经习惯了传统的教学方法和管理模式，部分教师对数据分析、技术工具的使用缺乏信心，或者认为这些新技术会增加工作负担。教师对新理念的抵触情绪较为强烈，适应新技术的速度较慢。而在校学生，尤其传统观念较强学校的学生，可能对个性化学习路径和数据驱动的教学模式感到陌生和不适应。总之，师生群体在技术转型中的接受度和适应度不高，影响了新理念和新技术的全面落实。

三、应对教育理念转变困境的对策

（一）理念转变中的文化建设与培训

要推动教育管理理念的转变，需要在学校内进行文化建设，营造适应新理念的氛围。这可以通过组织定期的培训和研讨会，帮助管理者、教师和学生理解大数据时代教育管理的新理念、方法和技术应用。例如，举办关于数据分析、个性化教育等方面的专题讲座或工作坊，提升教师和管理者的数字素养和技术应用能力。学校可以通过加强文化建设，鼓励全员参与教育创新和改革，从而形成支持教育理念转变的积极文化氛围。

（二）教育管理者与教师的角色重塑

在新的教育管理理念下，教育管理者和教师的角色需要发生转变。教育管理者应从传统的行政监督者转变为创新的决策者和战略规划者，积极推动教育数字化转型和数据驱动的决策过程。教师的角色则应从单纯的知识传授者转变为学习引导者和数据分析的应用者，能够根据学生的个性化需求调整教学内容和方法。为此，学校需要提供相关的培训支持，帮助管理者和教师逐步适应新角色，理解和掌握数据驱动决策和个性化教育的实施方式。

（三）多元化思维与创新模式的引入

教育管理理念的转变需要引入多元化的思维方式和创新模式。这包括鼓励跨学科的合作、加强学校内外的资源整合、推动教育管理的灵活性和多样化。学校可以通过设立创新项目，开展多元化教学方式的探索和实验，积极引入大数据、人工智能等先进技术，推动教育教学模式的创新。通过提供自由开放的思维空间和支持创新的机制，学校能够为教育理念的转变创造条件，帮助管理者、教师及学生拓展视野，接纳和实践新理念，最终实现教育管理的现代化和高效化。

第四节　应对挑战的策略与未来展望

一、克服大数据应用挑战的策略

（一）加强数据安全与隐私保护体系建设

在大数据时代，数据安全与隐私保护是教育管理系统面临的挑战。为了有效应对这一挑战，需要加强数据安全与隐私保护体系的建设。教育机构应当构建全面的数据安全架构，确保从数据采集、存储、处理到传输的每个环节都受到严格的安全保障。这不仅包括加强对数据存储设备的物理保护，还需要通过高强度的加密技术和多重认证机制来确保数据的安全性，防止未经授权的访问和泄露。

隐私保护也是数据应用中的重要议题。在处理学生和教师的个人信息时，教育管理系统应遵循隐私保护的法律法规，如《个人信息保护法》等，确保所有数据收集和使用都得到明确的授权，并严格遵循最小化原则，即仅收集必要的信息，且仅用于特定的教育管理目的。采取数据去标识化和匿名化技术，能够有效保护用户隐私，避免数据在未经授权的情况下被滥用或泄露。

教育管理系统还应加大对全员数据安全意识的培训力度。管理者、教师和技术人员都需要掌握基本的数据安全知识，了解如何在日常工作中识别潜在的安全威胁，采取防范措施。建立应急响应机制，确保在发生数据泄露或其他安全事件时，能够迅速采取补救措施，最大限度地减少损失和影响。

随着大数据技术的不断发展，教育机构需要持续跟进新的安全技术和隐私保护方法。例如，区块链技术在数据不可篡改性和安全性方面的应用潜力，为教育管理中的数据安全提供了新的思路。学校和教育管理部门应积极探索并结合新的技术手段，不断提升其数据安全和隐私保护能力，以应对日益严峻的数据安全挑战。通过这些综合措施，可以有效应对大数据应用中的安全隐患，确保教育管理系统在保障安全的能够充分发挥大数据的优势，提高管理效率和决策质量。

（二）提升系统兼容性与技术整合能力

在大数据应用和教育管理系统中，提升系统兼容性与技术整合能力是应对技术更新和系统升级的关键策略。随着大数据技术和其他新兴技术的迅速发展，教育管理系统面临不断变化的技术环境，这就要求教育机构不仅要关注单一技术的应用，还要具备较强的系统兼容性和技术整合能力，以确保各种技术能够协同工作，提高管理效率和决策能力。系统的兼容性要求教育管理平台能够支持不同类型的数据来源和技术架构，使得来自不同部门、不同平台的教育数据能够有效整合和共享。随着教育管理系统的多样化和复杂化，单一的、封闭的系统已经无法满足需求。教育机构需要在系统设计之初就考虑到技术整合的灵活性，确保新旧系统、不同数据来源和平台之间能够无缝对接。

提升系统兼容性还涉及教育管理软件与硬件设施的匹配问题。教育机构应定期评估现有系统的技术架构，判断其是否能够适应新的技术需求。特别是随着云计算、大数据和人工智能等技术的广泛应用，教育管理系统往往需要与云平台、数据存储服务、智能分析工具等进行深度整合。

教育管理系统的技术整合能力不仅仅体现在硬件与软件的兼容，还包括对数据的高效流转和处理能力。大数据的应用要求系统能够快速处理海量数据，并且能够根据数据流动的不同需求进行智能调配。这要求教育管理平台在技术上具备高度的灵活性和扩展性，能够根据不同场景和需求进行动态调整，确保数据处理过程的高效性和准确性。系统要能够实现与其他教育管理工具（如学习管理系统、评估平台等）的无缝对接，实现全方位的信息流通和协同工作，进一步提升决策支持能力。

教育管理机构还应加强对技术人员的培养，尤其是在跨技术领域的协作方面，提升团队成员的技术整合能力。通过建立跨部门、跨领域的技术协作机制，保证不同技术团队能够紧密合作、协调工作，从而有效推动技术的整合与系统的升级。这种技术整合的战略，不仅能够提升教育管理系统的兼容性，还能在日新月异的技术环境中保持系统的持续创新与发展能力，从而支撑教育管理决策的高效实施。

（三）加强教育管理者对大数据技术的适应力

加强教育管理者对大数据技术的适应力是确保大数据在教育管理中成功应用的关键因素。随着大数据技术的不断发展，教育管理者只有提升对这些新兴技术的理解和应用能力，才能有效利用大数据提升决策水平和管理效率。教育管理者需要认识到大数据技术不仅仅是工具的更新，更是管理思维和决策模式的转型。大数据能够提供基于事实和数据的决策支持，帮助管理者从海量信息中提取有价值的洞察，从而避免单纯依赖直觉和经验做出决策。教育管理者必须积极改变传统的管理观念，拥抱数据驱动的决策模式。

为了提升对大数据技术的适应力，教育管理者应该加强对大数据基本概念和技术的学习。教育管理者不必成为技术专家，但必须了解大数据的核心价值、基本原理和应用场景，包括数据收集、存储、处理、分析和可视化等环节。通过定期参加培训、研讨会或与技术专家的合作，管理者可以不断更新对大数据技术的认知，掌握数据分析和数据挖掘的基本方法。教育管理者还应学习如何解读数据分析报告和可视化结果，将其与教育管理决策结合起来，进而提升决策质量。

教育管理者还需要在实践中不断增强与大数据技术的融合能力。通过亲自参与到数据驱动的管理流程中，管理者能够在实际工作中积累经验，逐步熟悉如何利用数据进行预算分配、资源优化、学生成绩分析等具体决策。这种实践经验的积累不仅有助于提升管理者的技术适应力，还能够帮助他们理解如何根据数据分析结果调整管理策略和措施。

教育管理者应当鼓励和带领团队成员，尤其是教师和行政人员，参与到大数据应用的学习和实践中。这不仅能够营造良好的学习氛围，还能增强整个管理团队的数字素养和技术适应力，推动教育管理的数字化转型。通过建立学习型组织，教育管理者能够鼓励团队成员保持对新技术的开放态度，快速适应大数据技术带来的变化，形成更加灵活、智能的教育管理体系。

二、大数据时代教育管理的未来发展趋势

（一）个性化教育与定制化管理的普及

在大数据时代，个性化教育与定制化管理的普及将成为教育管理的一个重要发展趋势。大数据技术使得教育管理能够根据每个学生的特点、需求和发展潜力，提供量身定制的学习体验和管理方案。通过对学生学习行为、兴趣、学业成绩等数据的深入分析，教育管理者可以全面了解学生的个性化需求，从而实现精细化管理，优化教学内容和形式，使每个学生都能在最适合自己的环境中学习和成长。

个性化教育不仅仅体现在教学内容的调整和个性化课程的设计上，还包括对学生学习节奏、学习方式的灵活安排。例如，通过分析学生在学习过程中的学习时间、复习频率、理解深度等数据，可以为学生制订更加合理的学习计划，帮助他们突破瓶颈，提升学习效果。对于那些学习成绩优秀的学生，系统可以推荐更加具有挑战性的学习资源，而对于学习困难的学生，则可以提供更多的支持和辅导，确保他们能够在个性化支持下取得进步。

在定制化管理方面，大数据也能帮助教育管理者实现更加个性化的决策。例如，通过对学生成长轨迹、心理变化等数据的追踪，学校可以为学生提供更加细致的心理辅导和职业规划建议。学校可以根据不同学生群体的特点，制定差异化的管理政策，如根据学生的兴趣和特长，安排更加符合其发展需求的课外活动，或者为有特殊需求的学生提供个性化的健康管理和心理支持。

随着人工智能和大数据技术的不断发展，个性化教育与定制化管理的实施将更加精准和高效。未来，教育管理将不再是单一模式的普遍适用，而是基于每个学生的需求和潜力进行个性化定制。这种变化将极大提高教育的公

平性和质量，帮助学生在适合自己的方式中充分发挥潜力，实现更好的教育成果。教育管理者也能够更加高效地调配教育资源，做出科学、灵活的管理决策，从而推动教育体系的现代化和智能化发展。

（二）智能化与自动化管理的实现

在大数据时代，智能化与自动化管理的实现将显著提升教育管理的效率和质量。通过人工智能、机器学习、数据挖掘等先进技术，教育管理将逐步走向更加智能和自动化的方向，从而减轻教育工作者的负担，提升决策的准确性和时效性。

智能化教育管理可以通过数据分析来支持自动化决策。例如，学生的学习行为、成绩变化、参与活动的频率等数据可以通过智能系统实时分析，为教育管理者提供决策支持。系统能够根据数据模式自动生成学生的学习报告、行为分析和成长预测，这些报告可以帮助教师及时发现学生的学习问题和潜力，提前进行干预。而对于教育管理者来说，智能系统能够提供整体的管理分析报告，自动识别教育管理中的不足和优化空间，帮助其高效调整教育资源配置，优化管理流程。

自动化管理系统能够在日常教育管理中实现大量重复性工作的自动化。例如，课程安排、考试评估、成绩统计等过程可以通过智能化系统自动完成，不仅节省了教师和管理人员的时间，还能减少人工错误。以学生成绩评定为例，自动化系统可以根据预设的规则自动批改作业、评定成绩，并生成成绩单，减轻教师的工作压力。

在学校管理层面，智能化与自动化还能够优化资源配置和调度。教育管理系统通过实时监控和数据分析，能够自动调整教室安排、教师调度和课外活动的组织。例如，如果某个班级的学生人数发生变化，系统可以自动调整课程安排，确保资源的最大化利用。智能化管理系统还能够实时跟踪学生的出勤情况、学业进展、心理状态等，帮助学校及时发现潜在问题，采取必要的措施进行干预。

智能化与自动化的管理还能够提升教育服务的个性化和精准化。通过学生数据的智能分析，学校可以自动为每位学生定制个性化的学习计划、辅导方案和发展建议。这种定制化服务不仅有助于学生根据自身情况调整学习路径，还能在一定程度上提高学生的学习动机和满意度。对于教师来说，智能化工具可以提供个性化的教学建议，帮助教师根据学生的学习需求调整教学方法。

（三）全球化背景下的教育管理数字化转型

在全球化背景下，教育管理的数字化转型成为推动教育改革与提升教育质量的重要手段。随着信息技术的迅猛发展，特别是大数据、人工智能、云计算等技术的广泛应用，全球范围内的教育管理正面临着前所未有的挑战和机遇。数字化转型不仅意味着教育管理方式的变革，也带来了教育资源、管理模式、沟通方式等多维度的创新与提升。

全球化背景下的教育管理数字化转型促进了教育资源的共享与全球协作。教育数字化转型使得教育信息和资源能够跨越地理和文化的边界，全球范围内的教育资源得以有效共享。例如，在线教育平台、虚拟课堂以及远程学习系统打破了传统教育模式的局限，学生可以不受地域限制地接受世界各地优质教育资源。教育管理者可以通过数字化平台，实时掌握全球教育动态，学习借鉴其他国家和地区的教育管理经验与模式，推动本国教育改革和创新。

数字化转型能够提升教育管理的效率和精确度。在全球化背景下，教育管理面临着学生人数增多、教育内容复杂化、跨文化交流频繁等多重挑战。数字化管理系统通过集成大数据、云计算和人工智能技术，能够实时收集、处理和分析来自各方面的教育数据，为教育管理者提供及时、精准的信息支持。这种信息化管理方式有助于优化教育资源配置，提升教育质量，确保教育政策和决策的科学性与前瞻性。例如，教育管理者可以通过分析全球不同地区的教育数据，了解不同国家和地区的教育需求、发展趋势以及政策效果，进而做出合理的教育规划和决策。

全球化背景下的教育管理数字化转型还推动了教育模式的创新和个性化发展。随着全球教育需求的多样化，教育管理者需要更加灵活地适应不同学生群体的需求，提供定制化的学习方案。数字化转型使得教育管理更加个性化、智能化，教育内容、课程安排和评估体系可以根据学生的不同需求和特点进行调整，从而实现真正意义上的个性化教育。例如，通过数据分析，教育管理者可以实时了解学生的学习进度、兴趣爱好和学习难点，制订个性化的学习路径和辅导方案，确保每个学生都能在最适合自己的方式下成长。

数字化转型也促进了教育管理者和教师之间的协作与互动。在全球化的背景下，教育管理者不仅要面对本国的学生和教师，还要考虑全球化带来的文化多样性与教育观念的差异。数字化平台为教育管理者提供了更便捷的沟通工具和协作平台，能够促进跨文化、跨学科、跨地区的合作与交流。教育管理者可以利用数字化工具与国际教育界的专家、学者进行互动与学习，从而拓宽视野，提升教育管理水平。

三、应对未来挑战的前瞻性思考

随着大数据和人工智能技术的不断发展，教育管理面临着前所未有的挑战与机遇。为了有效应对未来的挑战，教育领域必须进行深度的技术融合与模式创新，推动教育管理的全面转型。

（一）大数据技术与人工智能的融合应用

大数据技术与人工智能的融合将成为未来教育管理的核心驱动力。大数据能够为教育管理提供精准的学生行为数据、学业成绩、心理状态等信息，通过数据挖掘和分析，揭示学生学习、成长的规律。人工智能则能够基于这些数据进行深入分析与预测，为教育管理者提供智能决策支持。这种融合应用不仅能够提升教育管理的效率，还能推动个性化教育的实现。通过对学生数据的实时分析，AI 系统能够动态调整学习计划，提供个性化的学习资源，帮助教师及时发现学生的学习困难，并进行针对性的辅导。人工智能可以辅助教育管理者在资源配置、课程安排、教学评估等方面做出更加科学和高效的决策。

未来，随着人工智能技术的成熟，大数据与人工智能的深度融合将不断推动教育管理模式的转型，即从传统的人工管理模式向智能化、自动化的管理模式过渡。教育管理者将能够通过智能平台实时获取学生、教师、课程等方面的数据，自动生成分析报告，提供决策依据，实现精准管理。

（二）教育管理者在未来教育改革中的角色与挑战

在未来的教育改革中，教育管理者将扮演更加重要和复杂的角色。随着大数据、人工智能和数字化转型的推进，教育管理者不仅要具备传统的管理能力，还需要具备对新兴技术的理解与应用能力。教育管理者需要敏锐地洞察技术发展趋势，积极推动技术在教育管理中的应用，确保教育改革的顺利进行。教育管理者还需要在教育政策、课程设置、师生关系等方面进行创新，满足多元化、个性化的教育需求。

教育管理者在这一过程中也将面临诸多挑战。一方面，他们需要面对快速发展的技术带来的适应压力，包括对大数据、人工智能、云计算等新技术的学习与掌握；另一方面，他们还需要解决如何平衡技术创新与教育公平、教育质量之间的关系，如如何确保技术的应用不会加剧教育资源的不平等，如何避免技术过度依赖导致的人为失误等问题。

（三）跨学科合作与教育创新的深度融合

未来教育管理的成功不仅仅依赖于技术的应用，更需要跨学科合作的推动。随着教育需求的不断变化，教育管理不再是单一学科的工作，而是涉及教育学、心理学、数据科学、信息技术等多个领域的综合性工作。未来的教育管理者需要具备跨学科的知识和技能，能够与不同领域的专家进行协作，共同推动教育创新。

跨学科合作可以促进教育管理模式、教学方法、评价体系等方面的创新，提升教育管理的整体水平。例如，在课程设置和教学设计方面，教育学与心理学的融合能够帮助教育管理者更好地理解学生的心理需求和学习规律，从而设计出更加符合学生发展的教学方案。数据科学和信息技术的结合能够提升教育管理的精准度和效率，确保教育决策更加科学和有据可依。未来，教育管理者还需要加强与企业、科研机构、社会组织等外部合作，推动校外资源的整合与共享，优化教育资源配置，满足学生多样化的学习需求。

参考文献

［1］张志远，李涛．据在学生综合素质评价体系构建中的应用研究［J］．教育科学论坛，2023（30）：56-59.

［2］卢燕．基于大数据的高校学生心理健康预警机制创新探索［J］．中国高等医学教育，2024（02）：34-35.

［3］韩锐．大数据助力基础教育学生学业评价多元化的路径探索［J］．中国教育学刊，2023（11）：82-85.

［4］谭磊．智慧校园总体框架［M］．北京：高等教育出版社，2023.

［5］付伟丽．教育信息化 2.0 行动计划［M］．北京：高等教育出版社，2021.

［6］吴哲源．基于大数据的高校学生心理健康预警机制创新探索［J］．中国高等医学教育，2024（02）：34-35.

［7］郑凤林．大数据驱动下职业院校学生教育管理模式变革研究［J］．职业技术教育，2023（29）：64-68.

［8］冯丽华．利用大数据优化中小学课后服务管理的实践策略［J］．教学与管理，2024（06）：22-24.

［9］丁媛媛．大数据时代民办高校学生教育管理的困境与突破［J］．教育与职业，2023（21）：66-69.